나는 왜 형제가 불편할까?

심리학으로 읽는 가족의 속마음

나는 왜 형제가 불편할까?

오카다 다카시 지음 | 박재현 옮김

더난출판

들어가는 말 ― 형제자매, 태어나 처음 만나는 타인

형제자매는 같은 환경에서 함께 자라났기에 서로 가장 잘 의지할 수 있는 존재인 동시에 영원한 경쟁자이기도 하다. 성인이 되어 크고 작은 문제로 반목하기도 하고 심한 경우 복수극을 벌이기도 한다. 그래서 '형제는 타인의 시작'이라고 말하기도 한다.

그들이 서로에게 미치는 영향은 부모가 주는 영향 못지않게 크고 깊다. 그러나 우리는 부모에 대한 얘기는 자주 하지만 형제자매에 대한 얘기는 거의 하지 않는다. 이 책에서 나는 우리가 모르고 지나치기 쉬운 이 같은 문제를 이야기하고자 한다. 서로 의지하고, 돌보고, 다투고 싸우는 과정에서 벌어진 갈등의 골과 시기, 질투, 원망, 콤플렉스가 한 사람의 인생을 좌우하는 경우가 적지 않다. 그런 갈등이 반드시 격렬한 분쟁이나 대립, 관계의 단절로

이어지라는 법은 없다. 그러나 무의식 속에 응어리진 부정적인 감정 때문에 삶 자체가 뒤틀리는 일은 의외로 많이 벌어진다.

긍정적이든 부정적이든 무의식에 조종당하고 구속받는 것은 사람이라면 어쩔 수 없는 일일지 모른다. 그러나 무심결에 드러나는 이 같은 마음을 극복한다면 더 원만하고 행복한 삶을 살아갈 수 있을 것이다. 수습하기 어려운 큰 싸움이 벌어진다 해도 그것을 받아들이거나 대처하는 방식을 안다면 눈앞에 벌어진 싸움뿐 아니라 그간 쌓여왔던 갈등도 해소할 수 있을 것이다.

형제자매 간의 성격은 부모가 쏟는 애정, 양육 환경, 태어난 순서 등 여러 요인에 따라 달라진다. 형제나 자매가 없는 외동의 경우에도 마찬가지다. 1~5장을 통해 이러한 요인들이 성인이 된 이후의 갈등에 어떤 영향을 미치는지 두루 살피고, 마지막으로 6장에서 무의식에 깊이 뿌리내린 부정적 감정을 해소하는 방법을 소개한다.

이해를 돕기 위해 위인들과 유명인사들, 또 우리 주변에서 흔히 볼 수 있는 가족들의 이야기를 중심으로 이야기를 풀었다. 다만 일반인의 사례는 실화를 바탕으로 재구성한 것이며, 특정 인물과는 무관함을 밝혀둔다.

Contents

3장

왜 나만 사랑받지 못하고 자라났을까?

형제자매 사이의
반감과 부모의 편애

4장

나는 태어날 때부터 이런 성격이었을까?

태어난 순서와
성격의 형성

5장

어째서 우리는 떨어질 수 없을까?

브라더 콤플렉스와
시스터 콤플렉스

6장

다시 화해할 수 있다!

상처 극복과
관계 회복의 비법

1장

우리는 왜
서로가 싫어졌을까?

형제자매가 불편한 이유

인류의 절반은 동생을 죽인 살인자의 후예

형제는 타인의 시작인 동시에 살인의 시작이기도 했다. 『구약성경』의 「창세기」에는 아담과 하와 사이에서 태어난 두 아들 카인과 아벨의 이야기가 등장한다. 형 카인은 농사를 짓고 아우 아벨은 양을 쳤다. 신은 아벨이 바친 양은 좋아했지만 카인이 바친 작물에는 냉담했다. 카인이 분해하며 고개를 숙이면 신은 오히려 그를 꾸짖었다.

질투심에 휩싸인 카인은 아벨을 초원으로 불러내 살해했다. 카인이 아벨을 그토록 미워한 것은 원래 성격이 그래서가 아니라, 아벨이 자신보다 사랑받는 데 질투심을 느꼈기 때문이었다.

아담에게는 카인과 아벨 외에도 자녀가 있었다. 그중 아담의 계보를 이은 것은 셋째 아들인 셋뿐이었다. 따라서 생존하여 번성한 인류의 자손은 모두 카인과 셋의 자손이다. 결국 『성경』에 따르면 인류의 절반은 동생을 죽인 카인의 후예인 셈이다.

역사적으로도 형제간 갈등이 살인을 불러온 경우가 적지 않다. 그중 잘 알려지지 않은 것이 오다 노부나가와 동생 노부유키의 이야기다. 이 사건 역시 어머니의 불공평한 애정과 두 사람 사이의 질투가 깊게 얽혀 있다.

두 사람은 같은 어머니에게서 태어난 형제였지만, 어머니는 분별없고 거칠게 행동하는 형 노부나가를 멀리하고 품행이 방정한 동생 노부유키를 편애했다. 어머니는 남편이 세상을 떠난 뒤에도 노부유키와 함께 살았다. 행실이 나쁜 노부나가에게서 불안감을 느낀 몇몇 가신이 노부유키를 추대하고 모반을 꾀했을 때 노부유키의 목숨을 구걸한 사람 또한 어머니였다.

노부나가는 일단 어머니가 원하는 대로 노부유키를 용서해주었다. 그러나 노부유키는 다시 한 번 모반을 꾀했고, 그 사실을 알게 된 노부나가는 자신에게 문병을 오라며 노부유키를 불러낸 뒤 암살했다.

그 후로 어머니는 노부나가의 곁에서 손자들을 돌보며 여생을 보냈다. 노부나가는 우격다짐으로 어머니의 애정을 독점했다고 할 수 있다. 역사적으로도, 지금 시대에도 이런 일들은 끊임없이 되풀이되고 있다. 한편 어머니의 사랑을 독차지하여 다른 형제로부터 미움을 사고, 때로는 궁지에 몰리는 일도 비일비재하다.

형제자매 간의 갈등과 반목은 대개 서로에 대한 질투에서 유래한다. 프랑스의 사상가 장 자크 루소는 이 같은 감정에 착안하여 그것이 사회악의 기원이 아닐까 하는 의문을 던졌다. 그는 『인간 불평등 기원론』을 통해 "인류는 본래 연민이라는 감정을 통해 타인을 자신과 동일시하게 되어 있지만, 소유나 집단의 개념이 발생하면서 우열에 대한 의식과 질투가 생겨났고, 그것이 불평등으로의 첫걸음이 되었다"라고 주장했다.

이를 가족의 테두리 안에 적용하면 '우수한 아이와 열등한 아이, 혹은 부모에게 사랑받는 아이와 사랑받지 못하는 아이 간의 불평등'이 된다.

모든 아이는 자신도 다른 형제자매처럼 부모에게 인정받고 사랑받고 싶어 한다. 때로는 그 인정과 사랑을 독차지하기를 원한다. 그러나 그 열망이 이뤄지지 않으면 슬픔과 분노, 원망이 한데 뒤섞인 불안한 정서가 싹튼다.

루소 자신도 불우한 어린 시절을 보낸 것으로 잘 알려져 있다. 어머니는 루소를 낳자마자 세상을 떠났다. 아내를 몹시 사랑했던 루소의 아버지는 아내를 쏙 빼닮은 루소를 애지중지했다.

하지만 그 결과 루소의 형은 어머니도 잃고 아버지도 잃어야 했다. 그는 불과 17세에 집을 뛰쳐나간 뒤 두 번 다시 돌아오지 않았다. 루소가 많은 사람에게 사랑받고 세계적인 사상가로서 이름을 남길 수 있었던 것과 대조적으로 형은 역사의 뒤안길로 사라지고 말았다.

형의 마음속에도 아버지가 동생만 사랑한다는 질투와 원망이 깊숙이 자리 잡고 있었을 것이다. 그런 그의 동생이 『인간 불평등 기원론』이라는 책을 쓴 것은 아이러니하지만.

콤플렉스,
무의식에 사로잡힌 응어리

스위스의 정신분석학자 칼 구스타프 융은 다양한 감정이 뒤섞인 심리적 복합체를 '콤플렉스'라고 불렀다. 좀 더 정확히 말하면 콤플렉스란 본래 무의식적인 것이며, 본인은 그 존재를 자각하지 못해 자신도 모르는 사이에 거기에 지배당한다.

그는 '연상 테스트'라는 심리검사법을 고안하여 사람의 마음속에 감춰진 잠재의식을 찾으려고 했다. 연상 테스트는 검사자가 어떤 단어를 말하면 피험자가 그 말에서 떠오르는 단어를 답하는 간단한 방식이다. 그런데 여기에는 한 가지 중요한 장치가 있다. 그것은 대답할 때까지의 시간을 측정하는 것이다. 검사자의 말에 피험자의 마음속에 응어리진 감정을 자극하는 요소가 있다면 대답하는 데 시간이 걸린다는 점을 이용하는 것이다.

예컨대 '형제'나 '부모'라는 말을 들어도 마음에 걸릴 것이 없다면 감정이 자극되지 않는다. 이때 반응 시간은 다른 중립적인 단어를 들었을 때와 다르지 않다. 그러나 형제나 부모에 대해 갈등하는 마음이 있다면 한순간 마음이 술렁이고, 그 때문에 정보처리 속도가 늦어진다. 연상 과정에서 일종의 억압이 일어나 연상 작용을 방해한다. 이는 평소 형제나 부모에 관계된 것을 떠올리지 않으려고 무의식적으로 스스로를 억압하고 있다는 뜻이다. 그러면 반응 속도도 떨어지고 대답도 어색해진다. 혹은 억눌려 있던 공격적이고 파괴적인 감정이 드러난다. 이 검사법을 사용하면 반응 속도와 내용을 통해 피험자가 가진 마음의 갈등이 어디서 기인하는지 밝힐 수 있다.

이 방법이 뛰어난 것은 피험자 본인이 전혀 자각하지 않는 무의식적인 갈등이나 응어리도 찾아낼 수 있다는 점이다. 그런 갈등과 응어리가 있으면 감정이 제멋대로 술렁이고 한순간 사고가 흐트러지거나 억압당해 생각이 더 이상 이어지지 못한다. 왠지 모르게 아무것도 떠오르지 않는 경우는 무의식에 억압당한 것이라고 생각할 수 있다. 혹은 반대로 자신도 왜 그런 말이 생각났는지 모를 정도로 놀라운 연상 작용이 일어나기도 한다. 형제라는 말을 듣고 피비린내 나는 이미지를 떠올리면서도 한편으로는 형제를 사랑한다고 생각하는 경우도 있다. 융은 그런 무의식에 사로잡힌 응어리를 콤플렉스라고 불렀다.

콤플렉스는 부지불식간에 사람의 행동을 지배하고, 때로는 생각지도 못한 행동을 유발한다.

일전에 마치 호랑이꼬리여우원숭이처럼 옆을 보며 걷는 남자가 있었는데, 그 이유 또한 콤플렉스 때문이었다. 그의 마음속에서 타인이라는 존재는 공포와 같은 부정적 감정에 강하게 연결되어 있었다. 그래서 길거리에서 누군가와 마주칠 것 같은 생각이 들면 그런 기묘한 행동을 했다.

또 어떤 사람은 빌리지도 않은 우산이나 돈을 필사적으로 돌려주려고 했다. 그런 기억이 없다는 상대에게 이런저런 이유를 대며 반드시 쥐어줘야 직성이 풀렸다. 이 기묘한 충동에 사로잡힌 사람(실제로는 정신분석학자이자 수필가인 기시다 슈)은 어렸을 적 계모에게서 사랑받지 못한 아이였다. 계모는 그에게 귀가 따갑도록 '키워준 은혜를 갚으라'고 말했다. 그래서 '나중에 크면 은혜를 갚아야 한다'는 생각이 뇌리에 깊이 박인 채 성장했다. 돌려줘야 한다는 의무감은 계모를 사랑하는 마음과 연결되어 하나의 콤플렉스를 형성했다고 볼 수 있다. 사랑받기 위해서는 갚아야만 한다는 콤플렉스가 기묘한 행동을 낳은 것이다. 그 사실을 자각하자 빌리지 않은 물건을 돌려주는 바보 같은 행동은 완전히 자취를 감췄다. 콤플렉스는 자각함으로써 말끔히 없앨 수 있다.

우리는 흔히 '콤플렉스'를 '열등감'과 혼동한다. 이는 오스트리아 출신의 정신의학자 알프레트 아들러가 신경증의 원인으로 중요하게 꼽은 '열등 콤플렉스'에서 비롯된 말이다. 그러나 본래 콤플렉스란 열등감에 국한된 것이 아니라 좀 더 넓은 의미를 포괄하는 개념이다. 굳이 비유하자면 '열등감'보다는 '응어리'에 가깝지 않을까. 뭐라 비유하든, 이런 콤플렉스는 우리의 행동이나 판단을 부지불식간에 좌우하며 그것이 쌓이고 쌓여 우리의 삶을 뒤흔들어 놓는다. 그리고 그 뒤에는 해결되지 못한 마음의 상처와 갈등이 숨어 있다.

이처럼 콤플렉스는 해결되지 못한 문제에서 유래하지만, 그 문제를 직시하고 이해하면 충분히 극복할 수 있다.

형제자매 관계에는 반드시 부모가 끼어 있다

콤플렉스는 본래 '복합적' '복합하다'를 의미하는 단어다. 말 그대로 여러 감정과 생각이 뒤얽힌 복합체다. 가닥가닥 늘어진 실이 모여 뭉치를 이루듯 마음의 응어리가 점차 커다란 덩어리로 불어나는 것이 콤플렉스다. 콤플렉스가 위험한 것은 서로 반대되고 모순되는 것처럼 보이는 감정이나 생각이 함께 뒤엉켜 있는 경우가 많기 때문이다.

예컨대 마더 콤플렉스(어머니에 대해 느끼는 콤플렉스)에는 어머니를 원하는 마음과 두려워하는 마음이 뒤섞여 있다. 두려워하는 동시에 원하고 있기에 오히려 거스르지 못하고 시키는 대로 지배당하고 만다. 마더 콤플렉스를 가진 사람은 어머니의 지배에서 벗어나기가 어렵다. 결혼을 하게 되더라도 아내는 그 사람이 자신을 지켜주지 않는다고 느낀다. 일일이 어머니의 눈치를 살피며 지시를 기다리는 남편에게 짜증이 나는 것도 당연하다. '나는 대체 뭐야?'라는 기분이 들 수도 있다.

형제자매들에 대한 콤플렉스도 마찬가지다. 그저 미운 감정만 있는 것이 아니라 어린 시절부터 아픔과 기쁨을 함께 나눠온 애틋한 감정도 그만큼 큰 경우가 많다. 서로를 본보기로 삼으며 살아가거나 자기 자식처럼 돌보는 경우도 있다. 감정을 더욱 복잡한 양상으로 만드는 것은 그 사이에 부모가 끼어 있어서다. 형제 관계는 본질적으로 삼각관계인 셈이다. 그런 관점에서 봤을 때 형제자매 간의 콤플렉스는 마더 콤플렉스보다 오이디푸스 콤플렉스와 비슷하다.

오이디푸스 콤플렉스는 아버지를 죽이고 어머니를 차지하고 싶다는 욕망과 그 욕망을 아버지에게 들켜 거세당하지 않을까 하는 공포가 뒤섞인 감정이다. 어느 쪽이든 실제로 실현되기엔 부적절한 일이므로 무의식이 그런 생각 자체를 억압하게 된다.

부모 자식 관계의 가장 건전한 형태는 아이가 양친을 동등하게 사랑하고 양친 모두에게서 적절한 거리를 두는 자립적인 형태다. 자신의 반려가 될 존재는 가족 바깥에서 찾는 것이다. 그러지 못하면 문제가 발생하기 시작한다. 아버지와 비슷한 남성을 두려워하며 대인공포에 빠지거나 사람들 앞에서 극도로 긴장하게 된다. 일어나지도 않을 거세에 대한 불안감이 심신을 움츠러들게 만들어 발기 장애로 고민하거나 자기주장을 제대로 못하는 인간이 되기도 한다. 이를 극복하기 위해 타인을 고압적으로 대하거나 지배적인 태도를 취하거나 군대 식의 상하관계에 집착하는 경우도 있다. 있는 그대로의 자신을 숨기고 자기방어를 해야 비로소 마음이 진정된다.

이런 콤플렉스를 잘 극복하면 라이벌 의식을 가지면서도 서로 배려하며 양보하는 건강한 관계를 유지할 수 있다. 그리고 채워지지 않는 결핍에 사로잡히기보다 자신만의 가정을 꾸림으로써 부족한 부분을 스스로 채우려고 노력할 수 있게 된다.

이 과정이 수월하게 이뤄지려면 부모에게서 공평한 애정을 받으며 자라는 것이 중요하다. 그러면 형제끼리 자연스레 서로 돕게 된다. 그 점이 결여되어 있으면 마음속에 응어리가 남는다.

예컨대 부모의 애정이 한 아이에게만 치우치거나 부모가 한 아이만 소홀히 했을 때가 그렇다. 그런 환경에서 자라면 마땅히 내가 받아야 할 애정을 빼앗겼다는 억울한 마음이 들고, 그와 동시에 자신은 사랑받을 수 없는 존재라는 자괴감에 사로잡힌다. 또 다른 형제자매의 행복을 기뻐하기보다 자신이 상처 입었다는 피해의식을 품게 된다.

배려와 양보 대신 생존과 경쟁만을 강요하는 환경에서 자라난 경우도 마찬가지다. 이때도 형제자매는 서로를 라이벌이나 자기 것을 빼앗아가는 약탈자로 여기게 된다.

이 같은 감정은 전반적인 인간관계에도 크게 영향을 끼친다. 충분히 협력할 여지가 있는 사람들도 라이벌이나 약탈자라는 시선으로 바라보게 되고 쉽게 피해의식과 적의를 품는다. 신뢰를 기반으로 한 관계나 친밀한 관계를 잘 맺지 못한다.

형제자매에 대한 콤플렉스를 갖는 상황에는 여러 가지가 있다. 그중 가장 영향력이 큰 것은 부모의 애정이나 관심을 빼앗긴 채 자라나는 상황이다.

'잘난' 형제자매에게 밀려난 아이들

형재자매 중에는 어느 한 아이가 다른 아이보다 공부를 잘한다거나 무언가에 훨씬 뛰어난 경우가 더러 있다. 이때 '쟤는 저렇게 잘하는데 넌 뭐냐'라고 비교를 당하면 주눅 들기 쉽다.

거기서 끝나면 그나마 부담이 덜할 수도 있다. 공부 좀 한다는 형이나 언니, 오빠가 동생을 직접 가르치려 들면 문제가 더 심각해진다. 원래 동생에게 맞는 속도와 방법이 있을 텐데도 많은 경우 자신의 기준만을 강요하기 때문이다. 부모도 그들을 더 신뢰하기 때문에 먼저 나서서 동생을 가르치라고 하는 일도 종종 있다. 그러면 상황은 한층 더 나빠진다. 부모에게서 방치되고 형제자매들에게서 잘못된 방식을 강요받으며 이중으로 스트레스를 받게 된다. 그들이 아무리 뛰어나다 해도 아직 어린아이이다. 지도 방식도 극단적이거나 감정적이 되기 쉽다. 게다가 동생이 그들을 사랑하고 존경하기까지 하면 인정받으려는 마음 때문에 반발도 하지 못하고 더 크게 휘둘린다.

이럴 때 부모는 모든 아이에게 자신만의 속도와 방법이 있다는 것을 분명히 인식할 필요가 있다. 굳이 지도를 맡긴다 해도 정도가 지나치지 않도록 주의한다. 한 사람에게는 잘 맞는 방법이 다른 아이에게는 전혀 맞지 않을 수 있다.

무엇보다 중요한 것은 뒤처지는 아이가 있더라도 자기 스스로 시행착오를 경험할 수 있도록 지켜봐줘야 한다는 점이다. 이를 위해서는 아이가 스스로의 의지로 결정하고 행동할 수 있도록 주체성을 지켜줄 필요가 있다. 형제자매가 동생에게 지나치게 참견하는 것은 부모의 과잉보호와 다를 바 없다.

때로는 시시콜콜 지적하고 참견하는 부모가 여럿 있는 것 같은 상황이 발생하기도 한다. 부정적인 평가나 설교만 듣고 위축된 채 성장하면 자기 긍정감이 결핍되어 사람들 앞에서 자신감을 잃고 안절부절못하는 사람이 되고 만다.

뒤처지는 아이가 있더라도
자기 스스로 시행착오를 경험할 수 있도록 지켜봐주는 것이 중요하다.
형제자매의 지나친 참견은 부모의 과잉보호와 다를 바 없다.
부정적인 평가나 설교만 들으며 자라나면
사람들 앞에서 자신감을 잃고 안절부절못하는 사람이 되고 만다.

형의 그늘이 만들어낸 은둔형 외톨이

겐사쿠 씨의 형은 빼어난 수재였다. 초등학교에서도 중학교에서도 선생님들은 그의 얼굴을 볼 때마다 늘 형 이야기부터 꺼냈다. 일부러 그를 보러 와서는 '형은 어떻게 지내니?'라고 묻는 선생님도 있었다.

부모의 관심이나 기대도 장남인 형에게 집중됐다. 겐사쿠 씨의 성적이 나쁘지 않았음에도 형과 비교하면 평범하기 그지없는 수준이었다. 겐사쿠 씨가 노력을 하든 안 하든 다를 것은 없어 보였다.

게다가 형도 동생에게 자신과 똑같은 수준이 되기를 요구하며 시시콜콜 공부 방식을 지시하거나 노력이 부족하다고 꾸짖었다. 겐사쿠 씨는 부모를 화나게 하는 것보다 형을 화나게 하는 것이 두려워 그저 형이 시키는 대로만 했다.

그런데 형이 일류대학에 합격하여 도쿄로 가자 무거운 짐을 벗어던진 듯 겐사쿠 씨는 공부를 손에서 놓았다. 중학교 3학년 때의 일이었다. 보통은 그때까지 여유롭게 지내다가 스스로 위기감을 가지고 공부를 시작할 시기였지만, 형 등쌀에 억지로 공부해온 겐사쿠 씨는 이제 공부가 지긋지긋해졌다.

가장 중요한 시기에 공부에서 손을 놓았기 때문에 이전까지만 해도 상위권에 머무르던 성적은 급격히 떨어졌다. 형이 여름방학이나 겨울방학에 집으로 돌아올 때마다 맹렬히 훈련을 시킨 덕에 고등학교는 진학할 수 있었지만, 고등학교에 들어가자 성적은 더욱 곤두박질치고 공부를 할 의욕마저 사라져버렸다. 형은 일류대학에 들어가야 한다며 계속 압박했지만 겐사쿠 씨는 공부를 해야 하는 의미를 알 수 없었다.

형이 대학을 졸업하고 엘리트 관료로 임관되었을 때, 겐사쿠 씨는 대입에 실패하여 재수를 하게 되었다. 형의 화려한 출세를 축하하는 연회의 구석 자리에 앉아서 말할 수 없는 비참함을 맛봤다.

이듬해에도 그는 일류대학에 진학하지 못하고 2차 모집으로 어렵게 지방대학에 들어갔다. 그의 인생은 그것으로 끝나는 듯했다. 그는 본의 아닌 대학 생활을 유배지에 버려진 심정으로 보냈고, 친구도 거의 사귀지 않았다. 형과 부모에게서 인정받지 못하고 끝내 낙오자가 된 심정에 사로잡혀 있었다.

대학을 나와 취직은 했지만 때마침 취직난이 심했던 탓도 있어 형이 화려하게 활약할 동안 그는 이름 없는 회사에서 두드러지지 않는 업무를 맡을 수밖에 없었다. 그는 더욱 큰 불행에 빠져들었고, 결국 회사에도 출근하지 못했다. 그러다 나중엔 은둔형 외톨이가 되고 말았다.

겐사쿠 씨는 형이 강요해온 가치관에 반발하면서도 거기에 구속당하며 형처럼 되지 못하는 자신을 부정해왔다. 우울증을 개선하고 은둔형 외톨이에서 벗어나기 위해서는 가장 먼저 형에 대한 콤플렉스를 극복하는 과정이 필요했다.

요한 슈트라우스 2세:
음악가 형제의 지워지지 않는 질투

오스트리아 빈에서 태어나 〈아름답고 푸른 도나우〉를 비롯한 다수의 유명 왈츠를 작곡하며 '왈츠의 왕'으로 명성을 떨친 요한 슈트라우스 2세에게는 두 동생이 있었다. 세 사람은 모두 음악가의 길을 걸었다. 하지만 재능을 공평하게 나눠 가진 것은 아니었다. 첫째 동생 요제프 슈트라우스도 작곡가로서 형만큼 알려지지는 않았지만 몇몇 작품이 지금까지 알려져 있다.

문제는 막내 에두아르트 슈트라우스였다. 그는 작곡 재능은 뛰어나지 못했지만 잘생긴 외모 덕에 지휘자로 인기가 있었다. 그러나 그는 자신의 명성이 형처럼 영원히 변치 않는 것이 될 수 없음을 뼈에 사무치도록 잘 알고 있었다. 그런 형에 대한 질투심 때문이었을까, 그는 형이 죽은 직후 형의 악단에 구겨져 있던 악보를 모두 불태워버렸다.

맏형 요한은 어머니에게서 유독 많은 사랑을 받았다. 작곡가인 아버지가 아들이 음악가가 되겠다는 것을 허락하지 않았을 때, 그의 재능을 남몰래 격려하고 응원해준 것도 어머니였다. 에두아르트는 그런 어머니의 특별한 배려에 대해서도 질투심을 느꼈을 것이다.

형제가 같은 길을 걸으면 이처럼 모두의 명암이 극명하게 갈리는 일이 쉽게 벌어진다. 더구나 부모가 성공한 아이에게만 힘을 쏟으면 성공하지 못한 아이는 심한 불행을 느끼며 질투심에 빠지게 된다.

동생에게 밀려나 가족을 떠난 언니

반대로 동생이 더 뛰어난 집안도 있다. 그러면 형이나 언니, 오빠는 '형이 돼 가지고……' 같은 말을 들으며 연장자로서 자존심에 상처를 입기도 한다. 그리고 자기 하나 지키는 데 급급해지는 나머지 동생에 대한 배려심이나 친절함을 키울 수 없게 된다. 심지어는 부모가 없는 곳에서 동생을 괴롭히기도 한다. 부모가 그걸 보고 나무라면 괴롭힘은 더 심해질 뿐이다. 그럴수록 부모는 동생을 더 편들고, 손위 형제나 자매는 '나는 부모님한테 필요 없는 사람인가 보구나' 하며 더 깊은 불행에 빠져든다. 그러다 결국 무기력에 빠지거나 무책임한 비행을 일삼는 경우도 많다.

유리나 씨는 두 자매의 장녀다. 동생 에리나 씨는 유리나 씨가 두 살이었을 때 태어났다. 동생이 태어났을 때 어머니가 집을 비웠기 때문에 유리나는 매우 슬펐고, 병원에 문병을 가도 동생에게는 눈길도 주지 않고 집으로 돌아가자는 듯 어머니의 슬리퍼를 가지런히 놓았다. 할머니의 손에 이끌려 집으로 돌아올 때는 병원이 떠나가도록 울어대며 고집을 피우기도 했다.

그녀는 동생이 집에 돌아와도 데면데면하게 대하고, 동생에게 젖을 물리는 어머니의 모습을 시시하다는 눈으로 쳐다봤다. 어머니를 빼앗긴 슬픔은 그 뒤로도 계속 이어져 그녀는 매우 불안정한 아이로 성장했다. 어머니의 모습이 잠시라도 보이지 않으면 공황 상태가 되거나 '엄마!' 하며 큰소리로 울어댔다.

한편 동생 에리나 씨는 어린 시절부터 야무지고 활발했다. 언니 유리나 씨는 무언가를 사고 싶어도 가게에 가서 주문하지 못했는데, 그러면 동생 에리나 씨가 언니 대신 가게로 달려가 언니가 원하는 것을 사왔다. 학교에 들어가서도 에리나 씨는 성적도 우수하고 그림도 잘 그리고, 수영도 피아노도 수준급이었다. 주위 사람들도 '정말 대단해요'라고 에리나를 자주 칭찬했다. 그에 반해 여러 면에서 평범한 유리나 씨를 칭찬하는 사람은 거의 없었다. 그래도 어린 시절에는 둘 사이가 특별히 나쁘지 않았다. 그들은 자주 함께 놀았고, 더욱이 유리나 씨는 여러 면에서 언니에게 의지하고 있었기 때문이다.

그러나 중학교, 고등학교로 올라가면서 두 사람의 차이는 더욱 벌어졌다. 유리나 씨는 공립 고등학교에 들어가지 못했지만 에리나 씨는 유명 진학교(명문대 진학률이 높은 학교)에 입학했다. 두 사람의 공통 화제는 날이 갈수록 줄어들었다. 유리나 씨는 부모와 이야기를 나누다가도 에리나 씨가 나타나면 슬며시 자리를 피했다. 가족들이 다같이 식사를 하러 가거나 여행을 갈 때도 함께하지 않았다.

사회에 진출해서도 유리나 씨는 작은 회사의 계약직에 머물렀지만 에리나 씨는 굴지의 기업에 정직원으로 고용되었다. 급여도 크게 차이가 났다. 어느 사이엔가 두 자매 사이에는 골이 생기고 둘은 거의 말을 하지 않게 되었다.

부모는 성적, 운동, 활동력 등 여러 면에서 언니를 앞질렀던 에리나 씨에게 저도 모르는 사이에 칭찬의 눈빛을 보냈는지도 모른다. 부모 입장에서는 둘을 비교하려는 것은 아니었겠지만, 월등한 자매를 가진 것은 유리나 씨에게는 제법 무거운 짐이었을 것이다. 그리고 어린 동생에게 뒤처지는 자신이 한심하게 느껴졌을 것이다.

유리나 씨는 가족 누구와도 사이가 좋지 않지만 집 밖에는 많은 친구가 있고 그들과의 교류를 즐긴다. 집에 있을 때와는 전혀 다른 사람처럼.

폭력의 이유

아이에 대한 부모의 학대나 방임은 아이의 애착이나 인격 형성에 중대한 영향을 미친다. 그만큼 널리 인식되고 있지는 않지만 마찬가지로 중대한 영향을 미치는 것이 또 하나 있다. 형제자매 간의 폭력이다. 여기에는 물리적인 폭력뿐 아니라 성적인 폭력, 무시나 과도한 지배라는 심리적 폭력도 포함된다.

피에르 르메트르의 서스펜스 소설 『알렉스』는 피해자가 알고 보니 가해자였다는 설정으로 읽는 사람들의 탄성을 자아냈다. 이 소설의 주된 소재는 수수께끼 풀이지만 주제는 형제간의 성적 폭력이다.

형제자매 간의 폭력은 부모가 휘두르는 폭력에 비해 간과되기 쉽다. 하지만 오히려 더 흔히 일어나고 오랜 시간에 걸쳐 반복됨으로써 아이의 성장에 심각한 영향을 미친다. 주로 형이 동생에게 폭력을 가하는 경우가 많지만, 때로는 언니나 누나에 의한 폭력도 발생한다. 또는 동생이 손위의 형제자매들에게 언어폭력을 가하기도 한다. 어느 경우든 폭력을 휘두르는 사람은 그것이 폭력이라고 자각하지 못한 채 같은 행위를 반복하기 쉽다. 부모가 주의를 주면 그들의 폭력은 더욱 집요해지기도 한다. 부모는 흔히 한쪽 이야기만 듣고 편을 들거나 한쪽만 일방적으로 혼을 내며 아이를 더욱 불행하게 만들고, 그럼으로써 사태를 악화시키기 때문이다.

형제자매 간에 벌어지는 폭력의 근간에는 부모의 관심을 빼앗겼다는 피해의식이나 질투가 있다. 응석받이로 자라오던 형이나 언니, 누나들은 동생이 생기면 자신이 부모의 우선순위에서 밀렸다는 실망과 질투와 원망에 오랫동안 사로잡히기 쉽다. 그런 피해의식과 질투심은 나이가 듦에 따라 점차 가라앉는 것이 보통이다. 그러나 그중에는 10대 후반, 혹은 성인이 된 이후까지 가라앉지 않기도 한다.

형제자매에게서 만성적인 폭력을 당하며 자라난 사람들은 타인에 대해 과도한 불안감을 느끼고 그들을 잘 신뢰하지 못한다.

또 자기 긍정을 잘하지 못하고 실패나 상처에 지나치게 민감하여 주위의 비웃음이나 부정적인 평가에 과민 반응한다. 그리고 무언가에 도전하기를 꺼리며 인생을 소극적으로 살아간다.

시선공포증의 원인

미나코 씨는 무슨 일을 하든 불안해하고, 타인과 함께 있으면 안절부절못하며 그들의 시선을 두려워했다. 가족과 함께 있을 때도 마음이 편치 않아 어떤 부정적인 말을 듣지나 않을까 늘 조마조마했다. 그녀는 오래전부터 가족에게 자신의 진심이나 기분을 말하지 않았다. 기분 나쁜 일을 가족에게 털어놓거나 하면 '고작 그런 일로 고민하냐'며 핀잔을 듣거나 모자란 사람 취급을 받았기 때문이다. 어머니는 오빠와 한통속이 되어 그녀의 약점을 비난했다.

미나코 씨가 불안하고 자신감 없는 성격이 된 또 한 가지 이유는 두 살 위의 오빠에게서 지속적으로 당해온 폭력에 있었다. 그는 조금이라도 마음에 들지 않는 것이 있으면 그녀의 머리를 쥐어박거나 배를 걷어찼다. 폭력을 휘두르기 전에 오빠는 반드시 그녀를 노려봤다. 그녀는 오빠가 노려보면 곧 폭력이 시작될 것이라는 공포에 사로잡혔다. 하지만 아무런 저항도 하지 못한 채 그저 울면서 오빠의 폭력을 견뎌야 했다.

신체적인 폭력뿐 아니라 언어폭력도 심각했다. 오빠는 별 대수롭지 않은 이유로 그녀의 인격을 모독하곤 했다. 그 목소리에는 오싹한 증오와 분노가 담겨 있었다. 그러나 그녀는 대체 무엇 때문에 오빠가 그토록 화를 내는 건지 도저히 알 수 없었다. 그저 '나라는 존재 자체가 미운 거구나'라고 생각할 수밖에 없었다.

오빠는 부모 앞에서는 착한 아이인 척 능청스럽게 굴었다. 동생에게 폭력을 휘두르는 것도 부모에게 들키지 않으려고 애를 썼다. 부모도 별 도움이 되지는 않았다. 그녀가 오빠에게 맞았다는 얘기를 듣고도 오히려 그녀에게 화를 냈다. '없는 말을 부풀리지 마라' 혹은 '오빠를 화나게 만든 거 아니냐'는 식이었다.

이 같은 폭력의 근원에도 동생에 대한 피해의식과 질투심이 숨어 있다. 오빠는 미나코 씨에게 부모의 애정을 빼앗기고 있다는 피해의식을 품고 있었다. 그래서 잘 풀리지 않는 일이나 짜증나는 일을 모두 그녀 탓으로 돌리며 마음의 균형을 유지해왔던 것이다. 미나코 씨의 성적이 좋았던 것도 원인의 하나였다. 성적이 잘 오르지 않아 고민하던 오빠는 동생의 뛰어난 성적 때문에 오빠로서 면목이 서지 않는다고 생각했다.

그런데 부모는 그런 오빠의 이중적인 면을 알아차리지 못했다.

도리어 양순한 겉모습만 보고 오빠를 '착한 아이'라 생각하고 그렇지 않은 미나코 씨를 '나쁜 아이'로 생각했다. 어머니의 성격도 오빠의 폭력에 한몫했다. 어머니는 남의 마음을 이해하지 못하고 표면적인 결과에만 반응하는 사람이었다. 그래서 미나코 씨의 성적이 좋다는 것을 알게 되자 갑자기 그녀를 칭찬하기 시작하며 매서운 눈빛으로 오빠를 대했다. 그런 어머니의 반응은 오빠를 더 이중적인 아이로 만들었고, 오빠의 폭력은 점점 심해져갔다.

그런 일이 반복되는 가운데 미나코 씨는 더욱더 불안한 아이가 되고 대인관계를 피하게 되었다. 그런 문제로 인해 그녀가 학교를 쉬거나 성적이 떨어지면 어머니는 오빠와 함께 그녀에게 가혹한 비난을 퍼부었다.

아픈 동생이 빼앗아간 관심과 애정

질병, 장애 등의 문제를 가진 아이에게 부모의 관심이 집중되면 다른 아이들은 방치되기 마련이다. 때로는 부모에게 받아야 할 애정을 빼앗기기도 한다. 부모의 눈에 별다른 문제가 없는 아이는 그냥 내버려둬도 걱정 없을 것 같아 보이게 마련이다. 부모의 관심을 크게 받지 못하는 상황에서 홀로 외로움을 견뎌야 하는 아이의 입장을 헤아리지 못한다. 하지만 아이들은 부모로부터 공평한 애정을 받아야 한다. 애정이 결핍된 상황을 무리하게 참아내면 나중에 반드시 부작용이 드러나게 되어 있다.

나루미 씨에게는 세 살 어린 여동생이 있었다. 여동생은 중대한 장애를 가지고 태어났고, 지적으로도 지체되어 있을 뿐 아니라 자주 호흡감염증을 일으켜 입원과 퇴원을 반복해야 했다. 부모님은 늘 동생에게만 필사적으로 매달렸다. 건강한 나루미 씨는 뒷전이었다. 동생이 입원하면 어머니는 하루 종일 병원에서 지내며 나루미 씨가 먹을 밥도 제때 제대로 차려주지 않았다.

그녀는 초등학생 무렵부터 마치 식모처럼 집안일을 도맡아 해야 했다. 그러지 않으면 어머니의 심기가 불편해졌기 때문이다. 어머니는 전업주부였지만 동생의 요양과 치료에만 정신이 팔려 있었다. 집에 있을 때도 동생을 돌보는 데만 매달렸다. 그러면서도 나루미 씨에게 항상 '동생에게는 큰 장애가 있지만 그런 고통 속에서도 최선을 다해 분발하고 있다'고 말하는 것을 잊지 않았다.

게다가 동생이 열이 나거나 몸 상태가 나빠지면 나루미 씨에게 화풀이를 했다. 마치 그녀가 맨날 놀기만 하고 해야 할 일을 게을리했기 때문에 동생이 병에 걸린 것처럼 억지스러운 말들을 늘어놓았다. 나루미 씨도 동생을 예뻐하고 걱정하지 않은 것은 아니었다. 하지만 툭하면 억울하게 혼나는 나날 속에서 동생을 걱정하는 마음은 두려움으로 변해갔다.

그러나 그런 상황에 의문을 느껴본 적은 한 번도 없었다. 중한 장애가 있는 동생이 최우선으로 대접받는 것은 당연하고, 게다가 자신도 부모와 마찬가지로 동생에게 헌신하지 않으면 안 된다는 생각이었다. 어머니가 화를 내는 것도 자신의 헌신이 부족하기 때문이라고만 생각했다.

그런 심경에 조금씩 변화가 일어난 것은 고등학생이 되고 나서 무엇이든 허심탄회하게 이야기할 수 있는 친구를 만난 뒤였다. 나루미 씨가 서둘러 돌아가 집안일을 해야 한다고 말하자 친구가 "하지만 어머니는 전업주부잖아?"라며 이상하다는 듯 고개를 갸웃거렸다. 그러고는 "동생도 중요하지만 어째서 그렇게까지 네가 희생해야 하는데?"라고 물어온 것이다. 그녀는 여태껏 당연하다고 생각해왔던 일이 반드시 당연한 것은 아니라는 사실을 그제야 알게 되었다. 실제로 주위를 둘러보면 친구들은 집안에 아무런 헌신도 하지 않으면서 부모에게서 사랑을 듬뿍 받고 있었다.

한번은 친구네 집에 놀러갔을 때, 친구의 어머니가 내어온 음료에 친구가 "엄마, 나 이거 싫다고 했잖아"라고 불평하는 모습을 본 적이 있었다. 나루미 씨는 그 상황에 간담이 서늘했지만, 친구의 어머니는 특별히 화난 기색도 없이 "미안"이라 말하고는 웃으면서 다시 다른 음료를 갖다 주었다. 말도 행동도 하고 싶은 대로 해도 될 뿐 아니라 그렇게 하면서도 진심으로 사랑받을 수 있다는 사실에 그녀는 충격을 받았다. 그러나 집에 돌아오면 어머니는 여전히 그녀는 안중에 없었다. 어머니가 그녀에게 하는 말은

명령 아니면 비난이었다. 그녀는 집에서 벗어나고 싶은 마음이 점점 커졌다.

나루미 씨가 지금의 남편과 교제를 시작하고 결혼을 약속했을 때도 어머니는 동생의 간병에 지장이 생길 거라는 걱정부터 했다. 그러고는 어렸을 때부터 숱하게 해온 "자기 행복만 생각해서는 안 된다" "장애를 가진 동생이 있다는 걸 잊지 말라"는 말을 반복하며 "일을 핑계로 집안일이나 동생을 뒷전으로 미루겠다는 거냐" "결혼을 빌미로 동생에게서 도망가겠다는 거냐"고 그녀를 몰아세웠다.

나루미 씨도 이제 한계에 다다랐다. 부모가 뭐라 하든 결혼을 깰 마음은 없었다. 결국 집 근처에 신혼집을 빌려 가능한 한 집안일이나 동생 간병에 힘을 보태기로 하면서 겨우겨우 결혼 승낙을 받아냈다.

그러나 그것은 재앙의 시작이었다. 어머니와 아버지는 툭하면 그녀에게 전화를 걸어 집에 오라고 말했다. 그러고는 화가 난 투로 그녀가 집을 떠난 뒤 자신들이 얼마나 힘들어졌는가에 대해 늘어놓았다. 그들은 늘 나루미 씨를 책망하는 투로 말했다. 동생의 몸 상태가 나빠질 때면 그들의 짜증은 눈에 띄게 늘었다. 그녀는 오들오들 떨며 집으로 달려가 밀린 집안일을 정리해야 했다.

그래도 어떻게든 참고 살아왔지만, 결국 일어날 일이 일어나고

야 말았다. 나루미 씨가 산달을 맞이했을 때였다. 출산 후 2~3주 동안은 아무래도 도움이 필요했다. 달리 부탁할 사람이 없었던 그녀는 어머니에게 머리 숙여 도움을 요청했다. 어머니는 시큰둥하게 일주일 동안 와주기로 했다.

그런데 그 일주일이 끝나갈 때쯤 동생이 열이 심하게 나 입원하는 일이 벌어졌다. 어머니는 낯빛이 변해서 황급히 집으로 돌아갔다. 아버지는 몸도 제대로 추스르지 못한 그녀에게 전화를 걸어 "너 때문에 동생이 죽게 생겼다"고 불같이 소리를 질렀다. 그로 인해 나루미 씨는 동생이 퇴원한 보름 뒤까지도 충격에서 벗어나지 못하고 우울한 상태에 빠져 있었다.

처가와의 관계를 개선하려고 무던히 애쓰던 남편도 그것이 안 될 일이라는 것을 깨달았다. 애를 쓸수록 아내만 상처받을 뿐이라는 것을 깨닫고 처가와 거리를 두기로 결심했다. 집안일이나 간병을 도우라는 전화가 와도 응하지 않기로 했다. 그러자 나루미 씨도 차츰 안정을 되찾기 시작했다.

부모가 장애를 가진 동생에게 지나치게 집착한 나머지 나루미 씨는 끊임없이 무시당해야 했다. 그 결과 자기주장이 서툴고 자존감이 결여된 사람으로 성장했다. 자신을 희생하고 남을 위해 봉사해야만 자신의 존재를 인정받을 수 있었기에, 어른이 되어서도 끊임없이 상대의 낯빛을 살피고 상대가 화날까봐 주뼛거리는 행동 양식을 가지게 되었다.

부모가 동생만을 우선시한 것은 커다란 실책이었다. 나루미 씨에게 상처를 입혔을 뿐 아니라, 결과적으로 그녀의 도움을 잃음으로써 동생에게도 손해를 끼치고 만 것이었다.

그녀의 부모가 조금만 현명했더라면 그녀가 외로움을 느끼지 않도록 배려했을 것이다. 그리고 그녀에게도 응석을 부릴 기회를 주고 좋은 말들도 해주었을 것이다. 장애나 질병이 있다는 것을 면죄부 삼아 한쪽에만 인내를 강요하다가는 이처럼 가족 전체를 병들게 할 수 있다.

장남을 편애하는 부모들

세계대전이 발발하기 이전 시대에는 장남이 집안의 유일한 상속자였다. 장남은 그만큼 특별한 존재로 여겨졌다. 전쟁이 끝나면서 이런 가부장적인 제도는 차차 사라졌지만 실제로는 그 후에도 이러한 풍조가 여전히 남아 있다. 지역에 따라서는 그런 풍조가 지금까지도 뿌리 깊게 남아 있는 곳도 있다. 이러한 사회에서 아들, 특히 장남은 특별한 대우를 받는다. 그 결과 다른 자식들이 불행해지는 경우도 적지 않다. 하지만 부모는 오래전부터 가부장적인 환경에서 자라왔기에 자신의 행동엔 문제가 없다고 생각하는 경우가 많다.

40대 여성 마나미 씨는 힘든 영업직 업무를 척척 해내며 사내에서 능력을 인정받고 있었다. 문제는 어머니 요시에 씨와의 관계였다. 결혼을 하고 부모의 곁을 떠나면서 잠시 안정을 찾는 듯했지만, 1년 전부터 둘의 관계는 다시 삐걱이기 시작했다. 딸이 대학에 진학한 뒤 요시에 씨(마나미 씨의 딸에게는 할머니)네 집에서 하숙을 하게 되어 모녀간에 왕래할 일이 다시 많아지면서였다.

마나미 씨는 딸의 생활에 변화가 생겨 학업에 소홀해진 것 같다고 생각했다. 그녀 생각에 그것은 순전히 요시에 씨의 탓인 것 같았다. 딸이 어떻게 지내고 있는지 소식을 듣기 위해 어머니에게 전화를 걸 때마다 그녀는 어머니를 비난했다. '멋대로 하게 내버려둬서 그런 거 아니냐'고 그녀가 화를 내면 요시에 씨는 '입이 아프게 잔소리를 해도 들어먹질 않는 건 다 네 양육 방식이 나빠서 아니냐'고 받아쳤다.

이런 식으로 말다툼이 잦아지자 그녀의 머릿속에 자신의 어린 시절이 떠올랐다. 어머니는 그녀에게 애정도 관심도 없었다. 따스한 말 한마디 건네준 적도 없었다. 어머니는 두 살 아래인 남동생에게만 열심이었다. 동생을 대할 때의 태도는 마나미 씨를 대할 때와 노골적으로 달랐다. 어머니는 무슨 일이든 동생이 우선이었다. 반면 그녀에게는 '네가 적당히 알아서 해라'는 말만 던질 뿐이었다. 장남인 동생은 극진히 교육시켜 일류대학의 대학원까지 졸업하게 해주었다. 반면 마나미 씨는 철저히 방치하고 좋은 성적을 받아와도 칭찬해주지 않았다. 그녀에게는 대학교에 대한 얘기도 일절 꺼내지 않았다. 학비는 동생에게만 쓰고 싶다는 계산이 뻔했다. 마나미 씨도 그 사실을 알았기에 고등학교를 졸업하면 취업을 할 생각이었지만, 고심 끝에 장학금을 받고 대학에 가기로 했다.

그녀도 동생처럼 부모님의 지원을 받았더라면 더 좋은 대학도 들어가고, 더 밝은 삶을 살아갈 수 있었을 것이다. 일개 영업직으로 머리를 조아리고 바닥을 기듯이 살아가는 아픔은 느끼지 않아도 되었을 것이다. 어머니는 그런 마나미 씨의 아픔을 모르는 것 같았다.

사실은 부잣집 딸로 태어난 요시에 씨 자신도 살갑게 보살핌을 받고 자라지 못했다. 그녀의 어머니는 아이를 돌보지 않겠다고 일찌감치 선언했고, 요시에 씨는 보모들의 보살핌을 받으며 조금은 제멋대로 구는 딸로 자라났다. 요시에 씨는 그런 자신의 과거를 언급하며 자기도 똑같이 하는 것뿐이라고 주장했다.

하지만 마나미 씨가 보기에 그 말은 변명에 불과했다. 그랬다면 어째서 동생은 그렇게 살갑게 대했을까.

마나미 씨도 처음부터 그렇게 홀대받았던 것은 아니었다. 남동생이 태어나기 전까지는 첫째 아이라는 이유로 애정을 독차지할 수 있었다. 그러나 두 살 무렵 장남이라는 특별한 존재가 태어나면서 단숨에 어머니의 애정을 빼앗기고 말았던 것이다.

두 살 무렵은 '이제 막 시작된 모자분리(母子分離)가 일단 지연되는 재접근기'라 불리는 미묘한 시기다. 다시 말해 어머니를 원하는 마음이 다시 한 번 강렬해지는 시기다. 이때 어머니의 애정이 갑자기 사라지면 아이는 일생 동안 어머니를 원하는 마음을 끌어안고 살아가게 된다. 마나미 씨 또한 40대가 된 지금까지도 어머니에게 집착하고 있다.

그러나 동생이 태어나도 버려졌다는 생각이 들거나 동생에 대한 마음의 응어리가 남지 않는 경우도 많다. 그 차이를 만드는 것은 아이들을 대하는 어머니의 태도다. 물론 새로운 아이가 태어나면 그쪽으로 손이 더 가게 마련이다. 그렇다고 해서 다른 아이에게 쏟던 관심과 애정을 거두어들이면 아이는 깊은 외로움을 느끼며 부정적인 성격으로 자라난다.

부모 싸움에
시달리는 아이들

더러는 부모나 조부모 사이에서 일어난 일로 인해 아무 상관없는 아이들이 피해를 입는 경우도 있다. 부부 사이가 나쁘거나 조부모와의 관계가 좋지 않으면 부모는 자연스레 아이들을 차별하게 된다.

사오리 씨는 아버지가 애지중지하던 '아버지 자식'이었다. 그녀의 아버지는 그녀에게 좋은 사람이었다. 어머니가 입만 열면 아버지를 험담해온 탓에 '아버지는 어머니를 괴롭히는 나쁜 사람'이라는 인식을 가지고 살아왔지만, 돌이켜 생각해보면 그녀는 아버지에게서 심한 일을 당한 기억이 없었다.

아버지와 어머니는 자주 다투곤 했다. 사오리 씨는 그 모습을 보기 싫어하면서도 어느새 거기에 익숙해져 있었다. 그래서 부모가 이혼한다는 말을 들었을 때 몹시 놀랐다. 더 당황스러운 것은 어머니와 아버지 중 누구를 따라갈 거냐는 그들의 질문이었다. 어린 동생은 망설임 없이 '엄마'라고 말했지만 사오리 씨는 아무 대답도 할 수 없었다. 자기까지 엄마를 선택하면 아버지가 너무 가엽다는 생각 때문이었다.

하지만 어머니는 툭하면 그 얘기를 꺼내며 그녀를 타박했다. "동생 마호는 엄마를 따라가겠다고 했는데 너는 왜 아무 말도 안 했어? 정말로 아버지를 따라가고 싶었던 거 아냐?" 둘 사이에 다툼이 벌어질 때마다 어머니는 그 일을 끄집어내며 사오리 씨를 비난했다.

게다가 어머니는 동생만 예뻐했다. 사오리 씨에게 "넌 아빠를 쏙 빼닮았어. 성격도 똑같아"라는 말을 하기도 했다. 뒤집어 말하면 동생이 어머니 자신을 닮았다는 얘기였다. 사오리 씨는 밤늦게까지 일하는 어머니 대신 집안일도 하고 동생도 보살폈다. 그러나 어머니와의 관계가 삐걱거렸을 때부터는 동생이 이전만큼 사랑스럽게 보이지 않았다.

그녀는 이윽고 집에 들어가지 않고 밤늦도록 놀러 다니기 시작했다. 남자친구의 집에서 지내기도 했다. 간혹 집에 돌아와도 기다리는 것은 어머니가 늘어놓는 설교뿐이었다. 동생도 마치 엄마의 그림자처럼 옆에 붙어서 설교를 늘어놓았다. 그녀와 어머니의 관계는 악화일로를 걸었다. 그에 반해 동생과 어머니 사이엔 날로 애정이 넘쳐났다.

그로부터 10년이 지나 사오리 씨는 결혼과 이혼을 경험하고 두 아이를 둔 싱글맘이 되었다. 일을 하려면 어머니에게 아이를 돌봐달라고 부탁해야 했지만, 친정집에 아이를 데리러 가는 것은 싫었다. 동생은 결혼할 생각도 없이 여전히 어머니와 알콩달콩 같이 살고 있었다.

사오리 씨가 어머니에게서 홀대받은 것은 그녀가 미움받을 짓만 골라서 했기 때문일까?

사실 그녀에게는 아무 잘못도 없었다. 어머니가 헤어진 남편에 대한 원망을 아버지를 닮은 그녀에게 일방적으로 터뜨린 것이었다. 사오리 씨도 어머니의 사랑을 받고 싶었다. 하지만 어머니의 사랑은 모두 동생 차지였다. 어머니는 외면당하는 그녀의 마음을 헤아려주지 않았다.

동생도 처음에는 언니를 어머니처럼 생각하고 따랐다. 그러나 언니가 '나쁜 아이'가 되어 집을 나가자 어머니를 택할 수밖에 없었다. 서로를 소중히 아껴주던 언니와 동생의 관계는 어머니의 편애로 인해 어그러지고 말았다. 어머니는 사오리 씨에게서 아버지를 빼앗고 동생까지 빼앗고 말았다.

결혼은 가족을 변하게 한다

형제자매 중 누군가가 결혼하고 가정을 꾸리면 서로 간의 관계는 변화하게 되어 있다. 이전까지의 관계가 좋았는지 나빴는지와는 별 관계가 없다. 아무리 사이가 좋았더라도 이제는 배우자나 아이에게 최선을 다해야 하기 때문이다.

이는 지극히 자연스러운 현상이다. '형제는 타인의 시작'이라 말하는 것은 결혼을 하고 나면 각각 별개의 가정을 꾸려가기 때문이다. 한 지붕 아래서 생활하던 때와 달리 이야기 나누며 공감할 수 있는 부분도 점점 없어진다.

물론 좋은 점도 있다. 자기도 모르게 가지고 살아온 고정관념이나 콤플렉스에서 벗어날 수 있기 때문이다. 이제껏 함께 살아오던 가족에게서 벗어나 제3자인 배우자와 함께 살다 보면 전혀 새로운 시각과 가치관을 형성할 수 있다.

그러나 배우자에게 형제자매에 대한 콤플렉스가 있거나 부모와의 애착이 불안정하다면 얘기는 다르다. 부정적인 시각으로 상대의 가족들을 대함으로써 원래 좋았던 가족 관계마저 분열시킬 수 있기 때문이다.

형제는 영원한 라이벌이다

형제자매는 원하든 원치 않든 서로 경쟁하며 살아가는 라이벌이 될 수밖에 없다. 그 경쟁심의 뿌리는 부모의 관심과 애정을 두고 벌어지는 쟁탈전이다. 태어나서부터 철들기 시작할 무렵에 걸쳐 형성되는 경쟁 관계는 평생 지속된다.

이런 경쟁심은 아이에게 긍정적인 영향과 부정적인 영향을 모두 줄 수 있다. 동생이 손위의 형제자매를 라이벌로 인식하여 그들을 뛰어넘으려 하는 것이 전형적인 예다. 동생은 그들을 어깨너머로 보고 배우며 따라잡고자 열망한다. 그 열망은 때로는 격려가 되기도 하고, 때로는 무거운 부담으로 다가오기도 한다.

그 결과는 대부분 두 가지로 나뉜다. 결국 따라잡는 데 성공하여 누구보다도 큰 자신감을 손에 넣는 사람이 있는가 하면, 그들의 그늘이 너무나도 커서 결국 좌절감을 느끼고 스스로를 부정하는 사람도 있다.

부모에게 사랑받기를 원하고 인정받기를 원하는 것은 어느 아이든 마찬가지일 것이다. 그 순수한 마음에 부모도 순수하게 응해주면 좋겠지만, 많은 부모들이 그러지 못하는 것이 사실이다. 그들은 때때로 일그러지고 삐뚤어진 상처를 아이들에게 대물림한다. 그것이 아이들 개개인뿐 아니라 형제 관계에도 심각한 영향을 미치는 것이다.

2장에서는 부모가 가지고 있는 마음의 병이 어떤 식으로 형제자매 사이에 문제를 일으키는지 알아보고자 한다.

2장
오해는 어디서 시작된 걸까?

형제자매를 갈라놓는 부모와 마음의 병

미숙한 자기애가
아이를 망친다

부모, 특히 어머니는 아이에게 늘 따스함을 전해주어야 하는 존재다. 모든 아이에게 똑같이 자애로운 존재여야 하지만 현실은 전혀 그렇지 않다. 여전히 세상에는 변덕이 심하고, 겉과 속이 다르며, 한 아이만 편애하는 부모가 많다.

이런 현상이 일어나는 데는 다양한 원인이 있다. 그중 가장 중요한 것으로 미숙한 자기애의 문제와 부모 자식 간의 끈끈한 관계를 지탱해주는 애착의 문제를 꼽을 수 있다. 먼저 미숙한 자기애의 문제부터 살펴보자.

어린아이를 키우는 부모의 애정은 기본적으로 헌신적이다. 말

그대로 뼈를 깎고 살을 내주며 아이를 양육한다. 그런 아낌없는 희생이 가능한 것은 부모의 성숙한 자기애 덕분이다.

이처럼 성숙한 자기애를 갖기 위해서는 어린 시절부터 자기애가 충족되는 과정이 필요하고, 이후엔 나이를 먹고 성장해감에 따라 조금씩 자기애를 내려놓을 필요가 있다. 그런데 자기애가 충족되지 않은 채 자라나거나, 갑자기 부모의 사랑을 받지 못하는 상황이 벌어져 자기애를 충족할 수 없게 되면 자기애가 제대로 성숙할 수 없다. 자기애가 지나치게 채워지는 것도 문제다. 타인에 대한 배려나 신뢰, 사랑을 제대로 품을 수 없는 사람으로 자라기 때문이다.

이처럼 유치한 자기애를 가진 사람은 겉보기에는 어른일지 몰라도, 행동하는 방식은 2~3세의 어린아이와 비슷하다. 결국 사회에 진출해서도 갖가지 문제를 일으키기 쉽고, 자기 아이들마저 그르치기 쉽다.

그렇다면 미숙한 자기애를 가진 부모가 일으키는 문제에는 어떤 것이 있을까? 먼저 '자기 현시성'에 대해 살펴보자. 성숙한 부모는 아이와 대화를 나눌 때 아이를 화제의 중심에 두려고 한다. 아이가 주인공이 되도록, 아이에게 관심이 집중되도록 자연스럽게 배려한다. 그러나 자기애가 미숙한 부모는 늘 자기가 화제의 중심이고 주인공이어야 한다. 거기엔 적든 많든 허영과 과장이 녹아들어 있다. 이 같은 경향을 자기 현시성이라 부른다.

백설공주의 계모 또한 이런 유에 속한다. 그녀는 세상에서 자신이 가장 아름다워야 하고, 자기 아이든 뭐든 자신의 성공이나 행복에 훼방 놓는 것을 용납하지 않는다. 물론 현실의 부모가 자기 아이에게 독사과를 먹이진 않겠지만, 그렇다고 나쁜 부모가 아니라는 법은 없다.

다음으로 발생하는 문제는 독선적인 태도다. 성숙한 부모는 자주 스스로를 돌아보고 과오를 성찰하려고 한다. 아이의 잘못된 행동을 일방적으로 꾸짖기보다 자신에게도 그런 면이 있을지 모른다고 생각하며 반성한다.

반면 자기애가 미숙한 부모는 '나는 완벽해'라고 생각하며 늘 스스로를 최고의 부모라고 여긴다. 그런 독선적인 태도는 아이를 망치는 지름길이다. 먹을 수 없다뿐이지 독사과와 다를 바 없는 것이다.

너는 나의 분신

성숙한 부모는 아이의 자기애를 채워주려 노력한다. 그러나 자기애가 미숙한 부모는 거꾸로 아이가 자신의 자기애를 충족하도록 만든다. 그런 부모에게는 자신의 만족감을 채워주는 아이만이 착한 아이고 사랑할 가치가 있는 아이다. 반대로 자신의 자기애에 조금이라도 흠집을 내는 아이는 나쁜 아이로 낙인찍는다.

부모가 편애를 하는 이유는 자기애가 지나쳐서다. 그들을 자기 마음에 드는 아이만 귀여워하고 그 아이에게만 헌신적인 사랑을 쏟는다. 반면 그렇지 않은 아이는 비난하고 멀리하며, 때로는 혐오하고 부정한다. 볼 때마다 눈살을 찌푸리고 입을 열면 욕설을 퍼붓기도 한다. 이런 경향은 다른 사람을 험담하기 좋아하거나 호불호를 너무 강하게 드러내는 사람들에게서도 찾아볼 수 있다.

변덕도 심하다. 조금만 마음에 들지 않는 점이 생기면 얼마 전까지만 해도 높이 평가하던 사람을 사정없이 깎아내리려고 한다. 사람을 대하는 기준이 자신의 자기애를 충족해주느냐, 아니냐에 따라 한쪽으로 쏠려 있기 때문이다.

더욱이 그들은 스스로에게 문제가 있다고는 생각하지 못한다. 그들 입장에서 보면 문제가 있는 것은 아이들이다. 그러나 객관적으로 따져보면 부모가 싫어하는 아이가 착하고 배려심 있는 아이일 때도 있다.

그런가 하면 부모가 아이를 문제아로 몰고 가는 일도 드물지 않다. 얼굴만 보면 욕을 먹고 싸늘한 눈길을 받는 아이가 좋은 말을 하거나 좋은 표정을 지을 수 없는 것은 당연하다. 그러나 부모는 그런 반응만 보고 아이를 욕한다.

그런 부모들이 아이를 사랑스럽게 여긴다면, 그것은 아이 자체가 아니라 그 아이에게 비친 자기 자신의 모습을 사랑하는 것이다. 아이를 자신의 복제나 분신 같은 존재로 만든 뒤, 거기에 담긴 자신의 모습에 만족감을 느끼는 것이다. 때로는 그 정도로 만족하지 않고 드러내놓고 자신을 찬양하거나 사랑을 고백할 것을 아이에게 기대하기도 한다.

그들에게 아이는 독립된 인격체가 아니라 자신의 대역이고 분신이다. 아이를 칭찬하는 것은 곧 자기 자신에게 찬사를 보내는 것이다. 아이가 사랑스러워 보이고 훌륭해 보이는 것은 자신의 우월성이 그 아이를 통해 드러나기 때문이다. 아이의 존재 이유는 자신의 자기애를 충족하기 위함이다. 아이는 주체성을 가져서는 안 된다. 맹목적으로 부모를 칭송하고 사랑하는 것 이외의 행위를 해서는 안 된다.

그런 부모들이 생각하는 착한 아이의 첫 번째 조건은 자유의지 없이 부모의 생각대로만 움직이는 것이다. 그들이 원하는 것은 시키는 대로 입고 시키는 대로 하는 아이이다. 반대로 자기 의지를 가지고 부모의 생각대로 움직이지 않는 아이는 나쁜 아이가 된다. 자기만의 생각이나 신념을 가진 아이는 거북한 존재일 수밖에 없다. 거꾸로 그런 아이들도 그들을 꺼리게 된다.

그들은 총명하지만 자기 의지대로 움직여주지 않는 아이보다 별달리 뛰어난 점이 없더라도 순종적이고 다루기 쉬운 아이를 좋아한다. 애완동물처럼 길들이거나 인형처럼 만들기가 쉽기 때문이다.

그런 부모 밑에서 자라는 아이들은 크게 두 부류로 나뉜다. 하나는 부모의 말에 무조건적으로 따르는 순종적인 아이, 다른 하나는 자기 생각대로 움직이는 소신 있는 아이다. 그들 사이에는 마찰이나 대립이 발생하기 쉬운데, 이때 부모는 순종적인 아이와 한패가 되어 소신 있는 아이를 공격하고 가족의 테두리에서 몰아내려고 한다.

가구회사의 집안 소동이 가르쳐준 것

어느 가구회사의 내분이 화제로 떠올라 미디어에 연일 보도된 적이 있다. 창업자로서 회사를 급속도로 성장시킨 회장과 그 뒤를 이어 사장이 된 장녀 사이의 갈등이었다. 갈등은 점점 심해져 경영권 다툼으로 비화했다. 게다가 아버지 측에는 전무로 재직 중인 장남이 가세하고, 장녀 측에는 다른 형제들이 가세하여 가족이 양분되는 구도까지 만들어졌다.

장남은 예술대학 출신이어서 경영에 다소 어두운 탓에 아버지의 생각을 순종적으로 받아들였다. 반면 장녀는 유명 국립대학의 경영학부 출신으로 경영에 관한 나름의 신념을 가지고 있었고, 그 때문에 아버지와 의견이 충돌하곤 했다.

언론은 다른 형제들이 장녀에게 힘을 보태준 것이 장녀가 어머니와도 같은 존재였기 때문이라고 보도했다. 하지만 조금만 파헤

쳐보면 장남이 무조건적인 사랑을 독차지한 것이 원인이었음을 알 수 있다. 그로 인해 다른 형제들 사이에 장남과 아버지에 대한 반발심이 공유되고 있었던 것이다.

유치한 자기애를 가진 사람이 권력을 손에 쥐면 자신의 본성을 거침없이 드러낸다. 이때 회사의 시스템, 혹은 다른 누군가가 제어해주지 않으면 회사는 독선적인 사장의 왕국이 되고 만다. 사장의 자기애를 충족시키는 것이 회사의 목적처럼 되어버리고, 직원들은 좋든 싫든 사장의 자기애를 채워주기 위해 일할 수밖에 없게 된다.

가족이 경영하는 회사에서는 부모나 형제자매 간의 사적인 문제가 공적인 권력 구조나 이해관계에 노골적으로 드러나기 쉽다. 때문에 가족 간의 갈등이 훨씬 첨예해지는 일이 많다. 부모가 다툼에 끼어 있지 않더라도, 둘 중 누군가가 최고경영자의 자리에 앉아 있다면 그 다툼의 원인은 대개 경영자에게 있다.

아버지는 가족회사의 정점에 군림한 최고경영자이기도 하기에 여느 가정의 아버지보다 큰 영향력과 존재감을 과시한다. 필연적으로 만능감이나 지배욕, 정복욕으로 채워진 자기애를 노골적으로 드러낸다. 자신의 기준만 절대적인 것으로 내세우며 그에 반하는 사람은 가차 없이 쳐낸다.

아이는 어릴 적부터 그런 아버지의 영향을 받으며 성장한다.

그 때문에 약한 자를 배려하는 공감이나 자신을 돌아보는 반성 대신 우월의식이나 지배 욕구를 가지기 쉽다. 원래 온화한 기질을 가졌다 하더라도 배려심을 잃고 냉혹하고 오만한 사람이 되기도 한다. 아이를 대하는 부모의 오만하고 압제적인 태도가 더 약한 입장에 있는 사람에게 그대로 전해지는 것이다.

그런 아이가 성장하고 경영에 관여하기 시작하면 부모 자식 간에, 또 형제자매 간에 알력이 생기기 시작한다. 그때까지는 단순한 집안 싸움이었던 일도 회사의 이권에 얽힌 대립으로 발전하기 쉽다.

이를 수습하려고 최고경영자인 아버지가 개입하여 한쪽 편을 들기라도 하면 문제는 더 심각해진다. 문제의 근원이 어디에 있는지 이해하지 못한 채 표면적으로만 대응하기 쉽기 때문이다.

후계자 다툼의 배후에 있는 것

세이키 씨의 아버지는 제법 커다란 회사를 설립한 창업 사장이다. 어린 시절부터 세이키 씨에게 아버지는 절대적인 존재였다. 기분파였던 아버지는 이유 없이 갑자기 화를 내는 일이 많았다. 아버지는 곧 집안의 법이었고, 그의 말에 아무리 납득할 수 없다

해도 거스를 수는 없었다. 세이키 씨는 그런 아버지의 난폭함에 화가 났지만 반발할 생각은 하지 못했다.

그에게는 세 살 아래의 동생이 있었는데, 동생은 그보다 공부도 잘하고 영리했다. 아버지에게 붙임성 있게 굴지 못하는 그와 대조적으로 아버지에게도 가볍게 응석을 부릴 줄 알았다. 아버지도 동생을 예뻐하는 것 같았다. 세이키 씨는 그런 동생을 남들 뒤에서 자주 괴롭혔다. 형이라는 지위를 위협받을지 모른다는 불안과 초조함 때문이었다. 무엇을 해도 자신감이 없고 하는 일마다 제대로 풀리는 게 없던 세이키 씨에 반해 동생은 모든 일에서 순조롭게 성과를 냈다.

대학을 졸업한 뒤, 그는 아버지의 회사에 취직했다. 아버지 곁에서 일하는 것이 내키지는 않았지만, 그렇다고 다른 회사에 들어가서 잘해나갈 자신도 없었기 때문이다. 그는 원래 얌전한 성격이어서 말단 사원이었을 때는 잠자코 일도 잘했다. 평가도 호의적이었고 별 문제도 일으키지 않았다. 하지만 관리직에 올라 성과를 내야 할 입장이 되자 갑자기 사람이 변했다. 자신보다 나중에 입사한 동생에게 추월당할지 모른다는 두려움 때문이었다.

그는 부하에게 지나치게 높은 할당량을 부과하고 그것을 달성하지 못하면 불같이 화를 냈다. 그 모습은 과거에 자신이 미워했던 아버지의 모습과 똑같았다. 그 또한 사장인 아버지가 동생보다 자신을 인정해주길 바라는 마음에서 비롯된 행동이었다.

그러나 결국 그 초조함이 세이키 씨 자신을 옭아매고 말았다. 부하들은 그의 방식에 더 이상 따를 수 없다고 사장에게 직접 호소했고, 사장은 아들을 편들면 회사에 균열이 생길 것이라는 판단에서 그를 지사로 좌천시켰다.

형이 지사에서 영업 업무에 매진하는 동안, 동생은 급속도로 두각을 나타내며 주위 사람들과 탄탄한 신뢰를 쌓아갔다. 장차 누가 사장이 될 것인지는 이미 분명해져 있었다. 세이키 씨는 자신이 쫓겨난 자리를 동생이 차지하자 격렬한 분노와 모멸감을 느꼈지만, 그래도 이를 악물고 참았다.

그가 본사로 돌아왔을 때, 동생은 임원이 되어 있었다. 그를 맞이하는 주위 사람들의 시선도 차가웠다. 다시 한 번 힘을 내보자고 생각했던 그의 마음은 차츰 위축되어갔다. 이미 회사에 그가 설 자리는 없었다. 1년도 되지 않아 그는 회사를 그만뒀다.

그리고 스스로의 힘으로 새로운 삶을 시작하려 했지만, 그를 기다리고 있던 것은 상상을 뛰어넘는 가혹한 나날이었다. 여기저기 회사를 옮겨 다녔지만 그는 어디에 가든 잘해내지 못했다. 사장 아들이라는 특별대우가 사라진 것은 어쩔 수 없는 일이지만, 말도 안 되는 일로 상사에게 혼나고 무능하다는 소리를 듣는 것은 견딜 수가 없었다.

이런 처지가 된 것은 동생이 형인 자신의 지위를 빼앗았기 때문이라는 원망이 그의 가슴에 응어리지기 시작했다. 동생은 벌써 임원인 데다 곧 사장이 될 것이 확실한데, 형인 그는 평사원으로서 나이 어린 상사에게 굽실거리지 않으면 안 되었다. 같은 배에서 나온 형제의 처지가 어째서 이토록 달라야 할까.

술에 취해 지내는 나날이 이어지고 생활은 황폐해졌다. 일도 툭하면 쉬었고 우울증 진단으로 약을 처방받고 빈둥거리는 날이 많아졌다. 하지만 아무리 술을 마시고 약을 먹어도 모든 것을 던져버리고 싶은 무력감은 떠날 기미가 없었다.

아버지는 세이키 씨 몰래 손을 써서 그의 취직자리를 알선해주려고 하고, 아내를 통해 생활비를 몰래 보내주는 것 같았지만 그것도 밉기만 했다. 더 화가 나는 것은 전화 한 통 없는 동생이었다. 형의 존재 따위는 이미 잊어버린 게 분명했다. 동생에 대한 미움은 나날이 커져갔다.

돈을 둘러싼 갈등

가난한 시대에는 형제가 강한 결속력으로 똘똘 뭉치는 것이 일반적이었다. 동생에게 학비를 보내거나 부모 대신 동생을 돌보는 일도 많았다. 인격적으로 모나고 타인을 결코 신용하지 않는 사람이라도 자기 형제만큼은 전폭적으로 신뢰하는 일도 드물지 않았다.

오사노 겐지는 정계와의 유착관계를 뒷배삼은 갈취와 매수로 엄청난 부를 쌓아올린 인물이다. 덕분에 '정상'(政商, 정치가와 결탁한 장사꾼) '괴물'이라는 별명을 얻은 그는 의심이 유난히 많았다. 회사 인감을 경리부장에게조차 맡기지 못해 해외에 갈 때도 몸에 지니고 다녔다. 임원의 퇴직금도 일시불로 지급하지 않았는데, 그들이 회사의 내부사정을 말하고 다닐까 의심되어서였다.

아내와의 관계도 냉랭했던 그가 신뢰하는 사람은 자신의 동생들뿐이었다. 어릴 적 그의 본가는 대문이 없을 정도로 가난했다. 거기서 함께 가난을 겪고 얼마 안 되는 음식을 나눠 먹으며 생활했던 체험이 동생과의 유대감을 강하게 만들어주었다.

동생들에게 오사노는 절대적인 존재였다. 그들은 오사노의 말이라면 뭐든 들었다. 자기애를 위협받지 않은 오사노도 그들을 보호해주었다. 만일 동생들에게 형과 대등한 능력이 있었다면 형이 일방적으로 돌봐주는 일은 없었을지 모른다. 그랬다면 서로 간에 경계심과 불신감이 싹텄을 것이다. 자기애가 강한 사람에게 지나치게 유능한 사람은 거북한 존재이기 때문이다. 무능하고 컨트롤하기 쉬울 것 같은 사람이어야 그에게 의심을 받지 않고 지속적인 신뢰를 얻을 수 있다.

이런 모습은 이제 찾아보기 힘들게 되었다. 생활이 풍요롭고 윤택해지면서 사람들은 여유와 사치를 즐기게 되었고, 그에 따라 자식에 대한 대우도 불공평해질 여지가 많아졌다. 교육을 시키든 물건을 사주든 완전히 동등한 분배를 하는 건 불가능에 가깝기 때문이다. 여기에 커다란 이권이나 상속 문제 등이 얽히면 그 불균형은 더욱 현저해진다. 후계자나 유산 분배를 둘러싼 갈등이 대표적인 예다.

내가 좋으면 좋은 것,
내가 싫으면 나쁜 것

자기애가 지나치게 강한 사람의 또 다른 특징은 아부에 약해 비판이나 조언을 받아들이지 않고 화부터 낸다는 것이다. 그들은 자기가 가장 잘났다고 생각한다. 경의와 칭찬만 받아야 마땅하고, 잘못을 지적받거나 비판받는 일은 있어서는 안 된다. 그들은 아무리 부드럽고 친절한 조언도 비난과 공격으로 받아들인다. 또 분명히 자신이 잘못을 했을 때도 누군가가 그 잘못을 지적하면 오히려 이성을 잃고 화를 낸다. 자신을 얕보고 자기 앞에서 잘난 척하는 것처럼 보이기 때문이다.

그들이 사물을 바라보는 기준은 하나다. 기분이 좋은가, 아닌가. 겉으로 드러나는 표정이나 사탕발림에 간단히 속아 넘어가는 것도 그 때문이다.

셰익스피어의 비극 『리어왕』의 주인공 리어왕에게는 세 딸이 있었다. 장녀 거너릴과 차녀 리건은 처세에 밝아 빈틈이 없고 겉치레가 뛰어났다. 반면 막내딸 코딜리어는 그런 솔직하지 못한 겉치레나 화려한 미사여구를 싫어했다.

어느 날 나이가 들어 망령이 든 리어왕은 딸들에게 영토를 나눠주려다 자신이 딸들에게 얼마나 사랑받고 있는지 확인하고 싶어졌다. 거너릴와 리건은 한 치의 망설임도 없이 자신이 아버지를 얼마나 소중히 생각하는지 줄줄이 늘어놓았다. 내심 코딜리어를 가장 예뻐했던 리어왕은 코딜리어에게도 같은 질문을 던졌다.

그런데 코딜리어는 달랐다. 그녀는 퉁명스러운 투로 조금도 사랑하지 않는다고 대답했다. 그녀는 아버지에게 누구보다도 깊은 애정을 품고 있었지만, 기만으로 가득 찬 언니들의 대답에는 환멸을 느낄 수밖에 없었다.

그러나 왕은 그 말에 격노했다. 코딜리어는 땅도 얻지 못했을 뿐 아니라 아버지와 의절까지 당해야 했다.

두 언니에게는 바라 마지않던 일이었다. 언니들이 은근히 두려워했던 것은 코딜리어에게 엄청난 땅이 돌아가는 것이었다. 게다가 땅을 받고 나자 그들은 태도를 바꿔 아버지를 눈엣가시로 여기기 시작했다. 절망한 리어왕은 제정신을 잃고 말았다.

그 후 코딜리어에게 구혼한 프랑스왕은 그녀를 왕비로 맞이하고 리어왕을 구하기 위해 도버해협을 건너 영국을 공격했다. 하지만 프랑스왕의 군대는 패하고 코딜리어도 감옥에서 살해당했다. 코딜리어의 사체를 끌어안은 리어왕은 자신의 잘못을 깨닫고 스스로를 저주하며 숨을 거두었다.

10년에 걸친 간병의 보답

때로는 부모에게서 가장 소외당한 아이가 부모를 보살피는 일에 가장 열심일 때도 있다.

야스코 씨는 지역의 명사 집안에서 자랐다. 아버지는 부시장이었고 어머니는 교장 선생님이었다. 대대로 물려받은 토지에 부모가 모은 돈을 더하면 자산도 그런대로 풍족했다. 그러나 욕심이 없는 그녀는 부모의 재산에 대한 생각은 한 번도 해본 적이 없었다.

그녀에게는 나이 차가 제법 나는 남동생이 하나 있었다. 어린 시절에는 그녀도 자주 동생을 보살폈다. 부모는 늦둥이로 태어난 장남을 지나치게 예뻐하며 응석받이로 키웠다. 동생은 학교에 들어가서도 성적이 좋았기에 부모의 기대는 더욱더 동생에게 쏠려

갔다.

야스코 씨는 전문대학을 졸업한 뒤 대기업에 취직했다. 그리고 그곳에서 만난 남성과 결혼한 뒤 퇴직하여 전업주부가 되었다. 그녀의 결혼식에 온 동생은 대학생이 되어 있었다. 그녀는 이후 두 딸을 낳고 행복하게 살아가는 것처럼 보였다. 그러나 딸들이 사춘기를 맞이할 무렵 남편의 불륜 문제가 불거졌다. 남편을 믿었던 그녀는 심한 충격을 받았다. 우울증에 걸려 집안일도 제대로 할 수 없었다. 결국 이혼에 합의하고 집을 나왔다. 마음만 먹으면 양육비를 받으면서 딸을 키울 수도 있었지만, 자신감을 상실한 그녀는 그냥 물러서기로 했다. 부모님이 친정으로 돌아오라고 했지만 세간의 눈을 의식한 그녀는 혼자 지내는 쪽을 택했다.

모든 것을 잃은 야스코 씨는 좁은 아파트에 틀어박혀 하루하루 메말라갔다. 차마 죽지 못한 것은 언젠가 딸들과 다시 만날 수 있을 것이라는 믿음 때문이었다. 근근이 살아가던 그녀는 이윽고 봉사활동을 통해 삶의 보람을 찾았다. 그러나 그것도 잠시, 아버지가 뇌경색으로 쓰러졌다는 소식이 날아들었다.

아버지는 간신히 목숨을 건졌지만 후유증이 남아 간병을 받아야 했다. 야스코 씨는 자신이 도움이 될 것이라 생각하며 친정집으로 돌아가기로 했고, 그로써 십 수 년에 걸친 간병 생활이 시작되었다.

그 무렵 동생은 모교의 준교수가 되어 있었다. 유학 직전에 결혼한 뒤 신혼 생활을 영국에서 보내고, 귀국하자마자 강사 자리를 거쳐 교수가 된 것이었다. 부모는 그를 자랑스럽게 여기며 각별히 예뻐해주었다. 야스코 씨도 손녀의 얼굴조차 보여주지 않았던 자신에 비하면 남동생의 효심은 극진한 것이라고 생각했다. 이런 동생이 부모 곁에 있어주어서 다행이라고까지 여겼다.

그로부터 몇 년 뒤 아버지가 세상을 떠났고, 그 직후부터 어머니에게 가벼운 치매 증상이 나타났다. 쇠약해진 어머니와 둘이서 지내는 날들은 가혹했다. 동생 부부가 잠깐이라도 도와줬으면 했지만 그들은 전화 한 통 걸어오지 않았다. 그런 주제에 불쑥불쑥 찾아와서는 어머니의 병이 낫지 않는 것에 대해 불만을 쏟아냈다. 그녀의 이야기는 들으려고도 하지 않았다.

어느 날, 통장과 인감도 제대로 관리하지 못하던 어머니가 그녀에게 은행에 다녀오라고 부탁했다. 건네받은 것은 송금 서류 다발이었다. 그것을 펼쳐보고 야스코 씨는 할 말을 잃었다. 최근까지 어머니는 동생에게 용돈을 보내주고 있었다. 그것도 동생이 대학생이었을 때부터 계속. 금액도 만만치 않아서 매월 수십만 엔에 이르는 때도 있었다. 시기를 보아하니 유학 당시의 생활비임에 틀림없었다.

어머니가 동생을 특별히 사랑하는 것은 알고 있었다. 어엿한

학자로 성장하는 데 경제적인 지원이 필요했을 것이라는 점도 잘 알았다. 그렇다고 이 상황을 완전히 납득하기는 힘들었다. 야스코 씨는 우울증에 걸리고 남편과 살던 집에서 쫓겨나 궁핍에 시달리면서도 부모에게 생활비를 부탁한 적은 없었다. 연금생활을 하는 그들에게 걱정을 끼치고 싶지 않았기 때문이었다. 보다 못한 병원의 복지 전문가에게서 생활보호를 권유받기도 했지만, 부모와 동생의 체면을 생각해 그것마저 거절했었다. 그런데 동생은 대학에서 월급을 받는 것으로도 모자라 엄청난 액수의 용돈까지 받고 있었다. 어머니는 대체 어디까지 동생의 응석을 받아줘야 하는 걸까.

그러나 어머니가 그렇게 부탁하는 것이라면 그렇게 해줘야 한다고 그녀는 생각했다. 결국 야스코 씨는 은행에 가서 몇 개월 동안 중단되었던 송금을 재개했다.

어머니가 밤에 배회하게 되자 야스코 씨도 거기에 동행해야 했다. 이쯤 되자 그녀에게도 한계가 왔다. 간병인의 권유로 어머니를 요양시설에 보냈지만, 얼굴을 보러 갈 때마다 집에 돌아오고 싶다고 떼쓰는 어머니를 만나는 건 너무나도 괴로운 일이었다. 시설 입소 후 2개월 만에 어머니가 세상을 떠난 것도 자기 탓처럼 느껴졌다. 집에서 보살폈다면 오래도록 살았을 것이 분명하다. 그렇게 생각하며 스스로를 책망했다.

어머니의 장례식 때도 멍하니 있던 야스코 씨는 자기 신변에 무슨 일이 일어나는지 전혀 주의를 기울이지 못했다. 상속 절차를 밟지 않으면 은행에서 생활비조차 인출할 수 없다는 얘기를 듣고 간신히 자리에서 일어난 야스코 씨는 당황했다. 송금 서류와 낡은 예금통장이 감쪽같이 사라져 있었다. 짚이는 데는 하나뿐이었다. 동생은 어머니가 위독해졌을 때 병원에 틀어박혀 있던 야스코 씨에게서 '찾을 사진이 있으니 집 열쇠를 빌리자'며 낚아채듯 열쇠를 가져갔다. 아직 돌아가시지도 않았는데 영정사진을 찾는 동생이 괘씸했지만, 그녀는 동생이 있을 때 처리하는 것도 나쁘지 않겠다는 생각에서 그 말에 따르기로 했었다. 그런데 동생은 그 틈에 재산을 전부 정리해버린 것이었다.

그게 끝이 아니었다. 장례식이 끝나고 2개월쯤 지난 어느 날, 동생의 변호사에게서 서류가 하나 날아왔다. 유산 상속에 대해 협의하고 싶다는 내용이었다. 거기엔 놀랍게도 어머니가 쓴 유서가 동봉되어 있었다. 유서에는 더듬거리는 글자로 장남에게 모든 재산을 물려주고 싶다고 적혀 있었다. 변호사는 편지에서 고인의 유지를 존중하여 반드시 상속을 포기하길 바란다고 말하고 있었다.

예전 같았으면 그녀도 어쩔 수 없다고 생각하며 포기했을 것이다. 그러나 이번만큼은 호락호락 당할 수 없었다. 돈 때문에 간병을 한 것은 아니지만, 그대로 두면 10여 년간의 전쟁 같은 간병과 그로 인해 잃어버린 시간들이 모두 무의미해질 것 같았다. 그녀는 변호사를 찾아가 상담한 뒤, 어머니의 유언을 무효화하고 동생이 받은 학비를 상속분에서 공제할 것을 청구하는 민사조정을 냈다.

그녀의 부모는 인격적으로 훌륭한 사람이었다. 다만 늦둥이로 태어난 장남을 편애한 것이 문제였다. 과잉보호를 받으며 자라난 동생은 결국 자기애가 강한 사람이 되었다. 그는 뛰어난 능력으로 높은 지위에 올라 있었지만 마음은 메말라 있었다. 이용할 수 있는 것은 철저히 이용하고 도움이 되지 않는 것은 미련 없이 내치는 사람이었다. 인간관계를 소중히 여기는 정 많은 야스코 씨는 이런 동생의 행동을 전혀 이해할 수 없었다.

부모는 동생의 성격으로 인해 이런 사태가 일어날 것을 예상하고 누나를 지켜줄 방도를 강구해야 했지만, 그때는 이미 인지기능 저하로 아무것도 할 수 없는 상태가 되어 있었다.

이처럼 부모의 애정을 독점하며 미숙한 자기애를 가진 사람으로 자라난 아이가 재산이나 이익을 독점하려고 하며 다른 형제와 갈등을 빚는 일은 점점 늘고 있다. 부모가 살아 있는 동안에 방법을 강구하지 않으면 형제자매가 서로 연을 끊는 경우도 있다. 그렇지 않으면 다른 아이들이 피해를 고스란히 입게 된다. 부모가 편애하는 아이에게 미움을 사고 싶지 않은 마음에 그 아이가 무엇을 하든 내버려두기 때문이다.

자기애가 강한 부모는 아이를 불행하게 만든다

자기애가 강한 부모는 자신이 생각하는 이상적인 모습(이상상)을 아이에게 강요한다. 이때 사랑받는 '착한 아이'의 최우선 조건은 부모가 원하는 분야에서 뛰어난 모습을 보여야 한다는 것이다. 그런 아이만이 부모의 자기애를 충족시켜 줄 수 있다.

그들은 때때로 지나치게 원대한 이상상을 그리기도 한다. 그러면 아이에게 거는 기대도 커진다. 아이는 부모의 기대에 부응하기 위해 노력하여 나름의 성과를 거두기도 한다. 부모에게 사랑받고 싶은 절실한 바람 때문이다. 이 과정이 지속적으로 순조롭게 이어지면 사회적인 성공을 거두고 주위의 인정을 받는다. 그러나 빛에는 늘 그림자가 따르기 마련이다. 부모가 아이의 성공을 위해 아이가 무슨 짓을 하든 눈감아주는 양육 방식을 택할 때가 그렇다. 그렇게 자라난 아이는 타인에 대한 배려심을 갖기가 어렵다. 대신 자신의 이익과 성과만 챙기려는 이기적인 인물이 되기 쉽다. 그 결과 피해를 보는 것은 가족을 비롯한 주변 사람들이다. 배우자, 아이, 형제자매 등 누구나 피해자가 될 수 있다. 앞서 소개한 야스코 씨의 이야기도 이러한 예다.

그런가 하면 아이가 도중에 힘에 부쳐 주저앉고 마는 경우도 많다. 아이가 좋은 성적과 같은 작은 성공을 거두면 부모의 바람과 기대는 더욱 부풀어 오른다. 그리고 더 많은 것을, 더 큰 것을 요구한다. 그러나 어느 시점에선가 아이는 한계에 부닥치고 만다. 아무리 노력해도 원하는 결과를 얻을 수 없고, 노력하는 것도 슬슬 피곤해지고 지겨워지기 시작한다. 그리고 부모의 욕망에 놀아나는 데 염증을 느끼기 시작한다.

그러나 아이가 넘어지기 시작하면 부모는 기대를 배반당한 데 대해 실망하고 분노한다. 아이의 고통 따위는 안중에 두지 않고 채찍질만 계속한다. 아이가 다시 분발해서 성과를 얻으면 만족하다가도, 아무리 노력해도 평범한 성과밖에 나오지 않는 시점이 오면 관심을 놓아버리고 아이를 외면한다. 그러면 아이는 부모의 강압에 반발하면서도 부모를 실망시키고 만 자신에게도 실망하여 자존감을 잃고 만다.

이런 방식으로 길러진 아이는 남보다 훌륭해져야만 부모에게 사랑받을 수 있다는 것을 잘 안다. 그럴 수 없게 되면 스스로에 대한 자신감을 잃고, 심지어 자신이 쓸모없는 인간이라는 자기비하에 빠진다.

이런 가정에서는 한 아이는 부모의 기대를 계속 만족시켜주는데 다른 아이는 그러지 못해 부모에게서 소외되는 경우가 많다. 이때 성숙한 부모는 결코 아이들을 비교하지 않는데, 자기애가 강한 부모는 서슴없이 그렇게 한다. 그러나 부모가 자기 기대를 채워주는 아이만 노골적으로 칭찬하고 관심을 쏟아주면 형제자매 간에 갈등이 일어나게 되어 있다.

힐러리 클린턴:
아버지를 닮은 누나와 그렇지 못한 동생들

미국 최초의 여성 대통령이 될 것이라는 기대를 한 몸에 받고 있는 힐러리 클린턴은 3남매 중 맏이로 태어났다. 아버지 휴 로댐은 미식축구 특기생으로 대학을 나왔지만, 대공황 때문에 활약할 자리를 찾지 못해 커튼 가게에서 일하며 겨우 안정된 생활을 꾸릴 수 있었다. 커튼 판매뿐 아니라 재단이나 설치까지 혼자서 했다. 어머니는 더 어려운 환경에서 살았던 사람이었다. 그녀는 일찍이 맞이한 부모의 이혼으로 친할머니에게 맡겨져 14세라는 나이에 더부살이 식모처럼 살아야 했다. 그런 연유로 학력도 없었다.

그런 힐러리의 부모는 역경을 어떻게든 극복해야 한다는 강한 향상심을 가지고 살았다. 특히 아버지 휴는 가족들이 약한 소리를 하는 것을 용납하지 않았다. 그는 일자리가 없어 한때 탄광에서 광부로 일한 적도 있었지만, 노력과 근성으로 가난한 생활을 벗어나 나름의 작은 성공을 획득했다고 자부하고 있었다. 조금은 무리를 해서 시카고의 고급주택지에 있는 집을 구입한 것도 강한 상승지향의 표출이었다.

힐러리가 자신과 동일시하고 롤모델로 삼은 것은 어머니가 아닌 아버지였다. 그녀는 아버지에게서 강한 의지력과 정치에 대한 관심을 이어받았다. 그와 동시에 힐러리는 그만큼의 여성적인 면을 희생해야 했다. 사실 힐러리라는 이름도 원래 남자아이에게 붙여질 법한 이름이었다. 그녀는 그 이름에 걸맞게 씩씩하고 지기 싫어하는 성격으로 자라났다.

힐러리는 강한 아버지와 같은 존재가 되고자 했다. 자연스레 강하고 야심적이고 정치에 관심이 많으며 근육질적인 육체를 가진 남성에 끌리는 성향을 가지게 되었다. 그녀의 이상형은 '미국 대통령이 되겠다'고 호언장담하며 그 말을 적극적으로 행동에 옮기는 인물이었다.

그런 힐러리에게는 각각 세 살과 일곱 살 차이가 나는 두 남동생이 있었다. 부모의 관심과 애정을 빼앗길 것 같다는 위기감은 그녀의 자기주장 능력을 강화하는 데 한몫했다.

그렇게 해서 누나는 강철 같은 의지와 명철한 두뇌를 갖추었지만, 그에 비해 동생들의 능력은 지극히 평범했다. 그중에서도 문제가 많았던 것은 막내 동생 토니였다. 그는 누나는 물론 형과 비교해도 학업 면에서도 운동 면에서도 뒤처졌다. 마음의 균형을 유지하는 데 어려움이 많았을 것이다.

누나는 하버드 로스쿨을 거쳐 예일 로스쿨에 진학하고, 그 후에도 변호사로 활약하며 퍼스트레이디로 가는 계단을 차근차근 밟아갔다. 그런 누나의 눈부신 활약에 반해 토니는 여러 직업을 전전해야 했고, 경력도 어정쩡했다. 심지어 형과 함께 사립탐정 일을 한 적도 있었다. 매형이 백악관의 주인이 되자 그 덕을 입어 그럴듯한 지위에 올랐지만, 성격이 어디 갔을 리는 없었다. 그의 이름이 세상에 알려진다는 것은 곧 힐러리 부부의 얼굴에 먹칠을 하는 스캔들, 금전 문제, 폭력에 휘말렸다는 얘기였다. 참으로 한심한 동생이라고 할 수 있다. 그러나 동생의 입장에서 보면 얘기가 다르다. 그의 타락은 너무도 뛰어난 누나를 둔 비극의 결과라고 할 수 있다.

물론 가장 근본적인 원인은 그들이 아닌 아버지에게 있었다. 아버지가 강요했던 성공지향적인 가치관을 잘 따랐던 누나와 그러지 못했던 동생들. 그 사이에서 명암이 극렬히 갈린 것은 필연적인 결과였다.

오스카 와일드:
어머니의 변덕이 낳은 성공과 몰락

『행복한 왕자』『윈더미어 부인의 부채』 등의 작품으로 알려진 유미주의 작가 오스카 와일드는 아일랜드 더블린에서 태어났다. 아버지는 유명한 의사였고 어머니는 독립운동 투사로도 활약한 바 있는 여걸이었다.

훗날 세계적으로 이름을 떨친 오스카였지만, 어린 시절 그는 부모에게 두 번째로 태어난 아이에 지나지 않았다. 어머니는 오스카보다 두 살 많은 첫째 아들 윌리엄을 더 사랑했다. 게다가 아들은 윌리엄 하나면 충분하다고 생각했다. 딸을 낳으려고 여아용 옷을 산더미처럼 준비하고 기다렸지만 태어난 아이가 또 아들이었다. 오스카에 대한 어머니의 관심이 미미했던 것도 어찌 보면 당연했다. 딸을 포기하지 않았던 어머니는 오스카가 5세가 될 무렵까지 여아 옷을 입혔다고 한다.

형은 활동적이고 실용적인 일에 관심을 가졌다. 문학이나 예술에 빠지는 섬세한 오스카와는 양립할 수 없는 기질의 소유자였다. 형제의 기질이 이렇게 다르다고 해서 관계가 꼭 나빠지는 것은 아니다. 그런데 오스카 형제는 어린 시절부터 사이가 나빴을 뿐 아니라 나이를 먹을수록 사이는 더욱 험악해졌다.

오스카의 재능이 뚜렷해질수록 어머니의 관심이 윌리엄에서 오스카에게로 급격하게 옮겨갔던 것이다. 형 윌리엄은 점점 위기의식을 느끼기 시작했다. 더욱이 희곡『윈더미어 부인의 부채』로 동생 오스카는 일약 대스타가 되었다. 신문기자인 윌리엄으로서는 자신의 존재감이 완전히 희박해졌다고 느끼지 않을 수 없었다. 강한 질투심을 느낀 윌리엄은 오스카의 작품을 비방하는 기사를 쓰고 더는 같은 영국에 있을 수 없다는 듯 미국으로 건너갔다.

그들 형제를 갈라지게 한 장본인이 어머니라는 사실은 말할 것도 없다. 자신의 이상상에 맞는 아이에게만 관심을 쏟는 변덕스러운 자기애가 아이들을 깊은 감정의 소용돌이로 몰아넣은 것이다.

윌리엄의 삶도 비참했지만 오스카도 결코 행복한 인생을 살았다고 말할 수는 없다. 오스카는 일찍이 어머니에게 인정받고 싶었다. 그런 일념으로 더욱더 유명해지기 위해 세상이 깜짝 놀랄

만한 일을 끊임없이 벌였다. 선정적인 작품을 쓰고 퇴폐적인 생활을 향유하며 온갖 스캔들을 만들어냈다. 최고의 인기를 구가하고 있는 동안에는 이런 위태로운 모험이 효과적으로 먹혀들었다. 그러나 자칫 실수라도 하면 한순간에 몰락할 위험 또한 늘 도사리고 있었다. 실제로 오스카는 그다지 큰 문제가 될 것이라고 생각하지 않던 동성애를 둘러싼 소송전이 벌어지자 단숨에 파멸의 길로 들어서고 말았다.

그들이 바라보는 '착한 아이'와 '나쁜 아이'

'착한 아이'와 '나쁜 아이'를 만드는 것은 다름 아닌 부모다. 자기애가 강한 부모는 자신의 기준이 절대적으로 옳다고 생각하며, 따라서 자기는 언제나 아이들을 정확하게 평가한다고 생각한다. 또 자신의 역할을 '평가하는 사람'으로 규정짓는다. 그런 부모의 아이들은 부모의 기준을 충족하면 '착한 아이', 그러지 못하면 '나쁜 아이'가 된다.

성숙한 부모는 아이에게 어떤 문제가 있다고 해도 그것을 나쁘다고 평가하거나 아이를 나쁜 아이로 규정하며 덮어놓고 비난하지 않는다. 그런 것은 아이를 지키는 행동이 아니다. 그들은 문제를 일으키는 아이는 곤란에 처해 있으며 도움을 필요로 하고 있다고 생각한다. 그리고 아이를 어떻게 도와야 할지를 고민하려고 한다. 또 자신의 양육 태도에 어떤 문제가 있었던 것은 아닌지 돌아보기도 한다.

단지 '좋다' '나쁘다'는 기준만으로 아이를 평가하는 것은 가족이 아니라도 누구나 할 수 있는 일이다. 정작 아이를 나쁘게 만드는 것은 자신임에도 그것을 아이만의 문제인 양 비난하는 것은 아이 입장에서 터무니없는 일이다.

'좋다' '나쁘다'는 기준으로 평가받으며 자란 아이들은 마음속에 뚜렷한 빛과 어둠을 품게 된다. 그리고 그것이 불행과 질투를 낳고 형제자매 사이를 틀어지게 한다. 형제자매 사이를 악화시키는 것은 대개의 경우 부모다. 아버지나 어머니, 혹은 두 사람 모두가 지나친 자기애로 인해 아이들을 자기 기준으로 재단하고 편애하며 질투와 갈등을 불러일으킨 것이다. 형제자매의 관계가 나쁘다면 부모는 그것이 자신의 잘못이라는 사실을 자각하고 스스로를 부끄럽게 생각해야 한다.

사회나 가족을 다룰 때 유용한 이론으로 '역할이론'이라는 것이 있다. 제 기능을 하지 못하는 가족에는 집안의 '영웅'이 나타나게 마련이다. 이는 가족의 희망으로서 기대를 한 몸에 받는 존재다. 그런가 하면 다른 한편에는 악역을 맡아 온 가족의 비난을 뒤

형제자매 관계를 악화시키는 것은 대개의 경우 부모다.
아버지나 어머니, 혹은 두 사람 모두가
아이들을 자기 기준으로 재단하고 편애하며
질투와 갈등을 불러일으키는 것이다.
형제자매의 관계가 나쁘다면 부모는
그것이 자신의 잘못이라는 사실을 자각하고
스스로를 부끄럽게 여겨야 한다.

집어쓰는 희생양이 생겨난다. 어떤 집안에든 그런 존재가 나타나는데, 행복하지 못한 가정에서는 영웅과 희생양의 모습이 극단적인 형태를 띠기 쉽다. 이는 가정뿐 아니라 여러 사람이 모인 모든 집단에서 벌어지는 현상이다.

그런 역할은 집단이 부여하는 것이다. 실제로 당사자가 어떤 사람인지와는 그다지 관계가 없다. 더욱이 일단 역할이 주어지면 그 역할을 벗어나기가 쉽지 않다. 집단의 기대와 압력 때문이다.

이는 일종의 시스템적 사고로, 개개인의 심리나 성격은 고려하지 않는다. 그러나 이 같은 방관자적인 사고방식으로는 문제의 본질을 간과하기 쉽다. 실제로는 부모가 의도적으로 '좋은 아이' 또는 '나쁜 아이' 역할을 맡도록 아이들을 등 떠미는 일이 많다. 앞서 말했듯이 이는 부모의 지나친 자기애로 인한 비극이다.

나츠코 씨의 아버지는 개업의였다. 어머니는 재력가 집안에서 태어났고, 그래서 아버지의 병원 개업에 필요한 자금도 어머니의 친정이 대주었다. 그런 까닭도 있어 어머니는 집안의 여왕 같은 존재였다. 아버지도 어머니 앞에서는 고개를 들지 못했다. 어머니의 오만한 태도는 아이가 생긴 뒤에도 변함이 없었다.

어머니는 아들인 첫째에겐 지극정성이었지만, 둘째 나츠코 씨가 태어났을 때는 집안일뿐 아니라 육아마저 도우미에게 맡긴 채

문화센터에 가거나 연극을 보러 밖으로 나가곤 했다. 어머니에게 자기 손으로 돌본 첫째 아이는 무조건 '착한 아이'였지만, 나츠코 씨는 번거롭고 귀찮은 존재였을 뿐이다.

나츠코 씨는 어머니의 인정을 받기 위해 뭐든지 열심히 하려고 했다. 그러나 칭찬받는 것은 언제나 오빠였다. 어머니는 늘 그녀의 잘못된 점만 들추며 타박했다. 아버지나 주위 사람들에게도 그녀를 나쁘게만 이야기했다. 어느새 그녀는 사람들에게 '처치 곤란한 아이'가 되어 있었다. 영문도 모른 채 '나쁜 아이'의 역할을 떠맡아야 했던 것이다. 두 사람이 성장한 뒤에도 어머니는 자기가 하기 싫은 집안일을 전부 그녀에게 떠넘겼다. 반면 오빠에게는 그저 공부에만 집중할 수 있도록 배려해주었다.

나츠코 씨가 결혼한 뒤에도 마찬가지였다. 집에 무슨 일만 있으면 불러와 일을 해야 했지만 고맙다는 이야기는커녕 늘 불평 섞인 잔소리만 들어야 했다. 어머니가 입원했을 때도 그녀는 매일 병원을 오가며 어머니를 간병해야 했다. 그런데 퇴원하기 전날 어머니는 그녀에게 '내일은 안 와도 된다'라고 했다. 그리고 '내일은 오빠가 오니까'라고 덧붙였다. 친척들에게는 간병이고 뭐고 아들이 다 한 것처럼 보이고 싶었던 것이다. 잘 찾아오지도 않는 오빠가 생색을 내야 한다는 점은 영 내키지 않았지만, 어머니의 그런 마음을 잘 알았기에 그녀로서는 어머니의 말을 따르지 않을 수 없었다.

나츠코 씨는 분명 어머니에게 부당한 취급을 받고 있었지만 스스로 그 사실을 깨닫지 못하고 있었다. 더욱 큰 문제는 가족 외의 다른 사람에게서 그런 일을 당해도 마찬가지라는 점이었다. 오랫동안 터무니없는 처우를 받아온 사람은 자신이 부당한 취급을 당한다는 것을 깨닫지 못한다. 오히려 그것을 당연시하고, 부당한 취급을 당해도 상대를 화나지 않게 하려고, 혹은 상대의 마음에 들기 위해 시키는 대로만 행동하게 된다.

아이들을 싸움 붙이는 부모들의 심리

믿기 어려운 일일지 모르지만, 자기 아이들을 서로 싸움 붙이고서 그 광경을 지켜보며 즐거워하는 부모도 있다. 자기애가 미숙한 부모들은 종종 그런 데서 만족감을 얻는다.

자기애가 지나치게 큰 부모는 자신의 존재 가치를 높이기 위해 자신을 편들어줄 '좋은 아이'뿐 아니라 '나쁜 아이' 또한 필요로 한다. 살아가면서 받는 온갖 스트레스와 불쾌한 감정을 쏟아 부을 배출구 또한 필요하기 때문이다. 그래서 언제든 마음껏 공격하고 책임을 전가하며 함부로 대할 수 있는 아이를 정해 그런 배출구로 삼는다. 그들은 모든 잘못을 그 아이 탓으로 돌리면서 책임과 죄책감에서 벗어나려고 한다.

그런 부모들에게 아군인 '좋은 아이'와 적군인 '나쁜 아이'가 싸우는 것만큼 속 시원한 것도 없다. '좋은 아이'와 한편이 되어 '나쁜 아이'를 해치움으로써 정의를 실현한다는 식의 쾌감을 얻을 수 있기 때문이다.

인간은 긍정적인 감정보다 부정적인 감정에 강하게 반응한다. 그래서 부정적인 감정을 자극하는 것은 예로부터 사람을 컨트롤하는 수단으로 널리 쓰여왔다. 가장 간단한 것은 험담과 뒷얘기를 당사자에게 밀고하는 것이다. '누구누구가 당신을 험담하더라'는 식의 이야기를 듣고 자신을 험담한 사람을 전과 똑같이 대할 수 있는 사람은 얼마 없을 것이다. 실제로 그 사람과의 관계는 틀어지고 밀고한 사람과 더 친해지는 일도 적지 않다. 그것을 노렸든 노리지 않았든 밀고를 한 사람은 방해자를 밀어내는 데 성공한 셈이다.

이처럼 미숙한 자기애를 가진 사람이 끼어들면 지금까지 원만했던 인간관계에도 파란이 일기 시작한다. 관심 받고 싶은 마음, 주목 받고 싶은 마음, 질투심 등으로 인해 없는 일을 만들어내고 사람들의 마음을 조종하기 때문이다.

자기애가 지나치게 큰 부모들도 마찬가지다. 한 아이에게 다른 아이에 대한 험담을 할 뿐 아니라 다른 아이가 꺼낸 그 아이에 대한 험담을 그 아이에게 밀고하기도 한다. 아이들끼리 사이좋게 지내면 자신에게 관심을 덜 주게 될 거라고 지레 겁을 먹고 그들 사이를 갈라놓고 싶어지는 것이다. 결국 성가신 일을 당하는 것은 아이들이다. '좋은 아이'든 '나쁜 아이'든 마찬가지다.

3장

왜 나만 사랑받지 못하고 자라났을까?

형제자매 사이의 반감과 부모의 편애

부모의 애정은 평등하지 않다

2장에서 우리는 미숙한 자기애를 가진 부모의 극단적인 편애와 그로 인해 발생하는 아이들끼리의 적대관계를 살펴보았다. 그러나 꼭 그런 부모가 아니라도 자신도 모르는 사이에 아이들을 차별하는 경우가 많다. 그 원인은 대개 부모와 아이 간의 애착에 있다.

부모와의 애착이 강하고 관계가 안정된 아이와 그렇지 않은 아이는 성장 과정에서 부모로부터 받는 보살핌과 애정 면에서 결정적인 차이를 보이게 된다. 애착이란 어린 시절 부모와의 관계에서 일어나는 정서적 유대감이다. 부모와 안정적인 애착을 형성함으로써 아이는 안전함을 느낄 수 있으며, 이후에도 사람을 안심하고 신뢰할 수 있다. 이 같은 애착이 형성되는 중요한 시기는 생후 6~18개월 무렵이다. 이때 부모, 특히 어머니와 아이 간에 안정된 관계가 형성되지 않으면 아이는 사소한 일에도 스트레스와 불안을 느끼는 성격으로 자라난다. 그뿐 아니라 타인과도 안정된 신뢰관계를 유지하지 못하고 문제를 일으키기 쉽다. 어릴 적부터 안정된 애정을 받지 못한 아이는 애초부터 불리한 조건을 가지고 삶을 시작하게 되는 셈이다.

중요한 점은 부모의 애착이 모든 아이들에게 한결같지 않다는 것이다. 어떤 아이와는 단단한 관계로 맺어져 있지만 그렇지 않은 아이도 있다. 부모는 자기 손으로 직접 보살피며 아낌없이 사랑을 쏟아온 아이를 더욱 사랑스럽게 여긴다. 그런 아이에게 더욱 관심과 애정을 주고 자라난 뒤에도 더욱 정성껏 보살펴준다.

반면 직접 보살필 기회가 별로 없었던 아이에게는 아무래도 애정을 주기가 어려운 것이 사실이다. 제대로 보살펴주지 못했다는 미안함과 죄책감은 있을지언정 사랑스럽다는 마음이 생기기는 어렵다. 결국 머리로는 좀 더 신경 써줘야 한다고 생각하면서도 무심코 방치하는 일이 벌어지기 쉽다. 그러면 마음은 더욱더 멀어지고, 애정을 요구하는 아이들이 점점 부담스럽게 느껴진다. 아이가 키우기 어렵거나 반항적인 태도를 보일 경우에는 더더욱 그러하다. 결국 어린 시절에 부모와의 관계가 긴밀하지 못했던 아

부모의 애착은 모든 아이들에게 한결같지 않다.
어떤 아이와는 단단한 관계로 맺어져 있지만 그렇지 않은 아이도 분명 있다.
부모는 자기 손으로 직접 보살피며
사랑을 쏟아온 아이를 더욱 사랑스럽게 여긴다.
반면 그럴 기회가 별로 없었던 아이에게는
아무래도 애정을 주기가 어려운 것이 사실이다.
그로 인해 잘못이 없는데도 억울하게 미움 받는 '나쁜 아이'가 생겨나게 되는 것이다.

이는 자신이 잘못한 것이 없음에도 억울하게 미움 받는 '나쁜 아이'가 되고 마는 일이 많다.

할머니나 할아버지 밑에서, 혹은 아버지 밑에서 자라난 아이들이 대표적인 예다. 일반적인 가정에서는 어머니가 아이를 보살피며 키우게 마련이고, 아이도 어머니에게 가장 큰 애착을 느낀다. 그런데 어떤 이유로 어머니로부터 받는 애정이나 보살핌이 부족하면 아이는 어머니를 대신할 존재를 찾는다. 어머니보다 다른 가족에게 더욱 애착을 느끼는 것은 어머니와의 관계가 불완전한 것이었음을 보여주는 현상이다.

예컨대 할머니가 아이를 업어 키웠다는 사실은 어머니가 일 또는 병환으로 인해 경황이 없어 할머니가 어머니의 역할을 맡았음을 의미한다. 혹은 어머니 자체가 떠나고 없었을 수도 있다.

물론 어머니가 아닌 할머니라 해도 어머니처럼 아이를 잘 돌볼 수 있다면 그다지 문제 될 것은 없다. 그러나 할머니는 어디까지나 할머니다. 어머니와 나이 차가 얼마나 나느냐에 따라 다르겠지만, 아이가 아직 어릴 때 세상을 떠나는 경우도 적지 않다. 그렇게 되면 나중에 남는 것은 서먹서먹하고 어색한 어머니와의 관계뿐이다. 비록 그 어머니가 자신을 낳아준 생모라 할지라도 마치 의지하기 힘든 계모 앞에 선 것 같은 어색함을 느끼게 된다.

어머니도 마찬가지여서 그런 아이에게 안정된 애정을 쏟아주기가 어렵다. 결국 할머니 밑에서 자라난 아이와 어머니가 자기 손으로 길러낸 아이 사이에는 극복할 수 없는 벽이 생겨난다.

할머니 밑에서 자란 아이의 불행

미호 씨는 어머니에게서 늘 불평만 들으며 자랐음에도 어머니를 고생만 하며 살아온 불쌍한 사람으로 여겼다. 그리고 얼른 자라서 어머니를 도와주고 싶다고 생각했다.

실제로 그녀는 초등학교 고학년 무렵부터 집안일을 해왔다. 그런다고 어머니에게서 칭찬을 받은 적은 없었지만, 어머니가 몸이 아프거나 아버지에 대해 불평할 때마다 자신이 좀 더 분발해서 어머니를 도와야겠다고만 생각했다.

그녀에겐 일곱 살 아래의 여동생이 있었지만 어머니는 동생에게는 절대 집안일을 시키지 않았다. 그래도 그녀는 '동생은 아직 어리니까 어쩔 수 없지'라고 생각하며 대수롭지 않게 여겼다. 오히려 어머니를 기쁘게 하려는 마음에서 동생도 열심히 돌보려고 했다.

하지만 대학 진학을 위한 학비는 모두 동생 차지였다. 어머니는 그것도 모자라서 방학이 되면 동생을 해외에 보내 홈스테이까지 시켜주었다. 반면 미호 씨는 장학금을 받거나 아르바이트를 해가며 어렵게 공부해야 했다.

그녀가 결혼하고 나서도 달라진 것은 없었다. 그녀가 이따금 친정에 들르면 어머니는 기다렸다는 듯이 그녀를 부려먹었다. 그러나 동생은 여전히 집안일에는 손 하나 까딱 않고 공주처럼 지내고 있었다. 그때까지 동생이 어리다는 생각에 그러려니 해왔던 그녀도 이제 더는 납득할 수가 없었다. 결혼을 하고 나서 친정으로부터 거리를 두고 지내면서 자신이 처해 있던 상황을 객관적으로 볼 수 있게 되었기 때문이다.

돌아보면 그녀와 동생을 대하는 어머니의 태도에는 확연한 차이가 있었다. 어느 날 친정에 들른 그녀는 식탁에 진수성찬이 차려져 있는 것을 보고 무슨 일인가 싶어서 놀랐다. "손님이라도 와요?" 하고 그녀가 묻자 어머니는 겸연쩍은 얼굴로 "하숙생활로 제대로 먹지도 못했을 테니까……"라고 어색하게 대답했다. 그녀는 "그래요"라고 아무렇지도 않게 말했지만 속으로는 어안이 벙벙했다. 그 진수성찬은 고향집에 돌아올 여동생을 위해 차려진 것이었다.

어머니는 그녀에게는 진수성찬을 차려주기는커녕 식사 준비를 떠맡기기만 했다. 그래놓고는 장을 보러 갈 돈을 주지 않아서 아르바이트해서 번 돈으로 식재료를 사온 적도 있었다. 그래도 어머니는 고맙다는 말 한 마디 없었다. 그러고는 여동생을 칭찬하는 말만 끝없이 늘어놓았었다.

그녀는 알 수 없었다. 왜 동생은 자기 내키는 대로 사는데도 인정받고 사랑받는데 나는 왜 이토록 사랑받지 못하는 걸까? 내가 무슨 나쁜 짓이라도 한 걸까? 어머니는 동생이 한 것이라면 아무것도 아닌 일조차 엄청난 일인 양 자랑스럽게 이야기한다. 내가 아무리 희생해도 말 한 마디 하지 않으면서. 결국 어머니가 예뻐하는 것은 동생뿐이다. 그런 상황에서 동생을 진심으로 사랑했다고 생각하니, 그녀 스스로도 어처구니가 없었다.

그 후로 그녀는 동생에게 적잖은 거리감을 느꼈다. 그렇게 거리를 두고 바라보니 또 한 가지 충격적인 사실이 드러나기 시작했다. 동생도 그녀에게 고마움을 느끼지 않을 뿐 아니라 그녀의 존재 자체가 안중에 없었다는 사실이었다. 동생에게도 그녀가 해주는 모든 것들이 당연하게 여겨졌던 것이었다. 동생은 자기가 내킬 때만 그녀에게 붙임성 있게 굴었을 뿐, 기본적으로는 그녀를 나 몰라라 해왔다. 동생도 어머니와 다를 바가 없었다.

그녀는 우울해졌다. 자신은 아무리 애를 써도 사랑받을 수 없는 가치 없는 인간이라는 자괴감이 머릿속을 맴돌았다.

미호 씨가 이토록 심하게 차별을 받은 원인에도 애착의 차이가 자리하고 있다. 그녀는 아버지가 장사를 막 시작한 무렵에 태어났고, 어머니는 아버지의 장사를 도와야 했기에 그녀를 보살필 겨를이 거의 없었다. 결국 그녀는 할머니 밑에서 자라나야 했다.

그러나 동생이 태어났을 땐 아버지의 장사도 궤도에 오르고 할머니도 돌아가셨기 때문에 어머니가 직접 동생을 돌봤다. 어머니는 시어머니가 키운 자식보다 자기 손으로 직접 키운 아이와 강한 애착 관계를 형성했고, 그랬기에 자기도 모르는 사이에 훨씬 많은 애정을 쏟았다.

애착 관계는 돌보고 보살핌 받는 가운데 형성된다. 실제로 자신을 낳아준 부모라도 직접적인 보살핌을 받을 기회가 없으면 진짜 부모 자식 같은 관계가 형성되지 않는다. 마치 남의 자식처럼 차별하는 것은 이 같은 상황으로 인한 결과다.

미호 씨는 어머니에게 사랑받으려고 무던히 노력했지만 사랑은커녕 늘 무시만 받아야 했다. 그럼에도 틀림없이 여동생처럼 사랑받을 날이 올 거라는 기대를 버리지 않았다. 그러나 어머니의 사랑을 원하면 원할수록 상처받고 우울해질 뿐이었다.

결국 그녀는 같은 딸이라도 어머니의 보살핌을 받지 못하고 자란 자신은 의붓자식 같은 존재라는 것을 깨달았다. 그리고 어머니의 사랑을 기대하지 않게 되었다. 그럼으로써 상처도 덜어졌고, 마음의 안정도 회복할 수 있었다.

그럼에도 어머니와 여동생의 알콩달콩한 모습을 보면 평온함을 유지하기 어려웠다. 그녀가 할 수 있는 최선은 두 사람에게서 최대한 멀어지는 것이었다. 그럼으로써 그녀는 가족에 대한 의무를 다하지 못했다는 죄의식에서도 벗어날 수 있었다.

방치된 아이와 비뚤어진 애정

형제자매에 대한 반감과 갈등의 뿌리에는 부모와의 잘못된 관계가 자리 잡고 있다. 부모가 아이들에게 쏟는 애정의 격차는 아이의 마음속에 비뚤어진 애정을 싹트게 한다.

이때 아이의 마음속엔 부모의 애정에 대한 갈망이 생기고, 동시에 그에 응해주지 않는 부모에 대한 분노 또한 생겨난다. 그 두 가지 감정은 얼핏 상반된 것 같지만, 동전의 양면과 같아서 서로 떼어낼 수 없다. 갈구하는 마음이 있기에 분노 또한 생겨난다. 이처럼 갈구하는 마음을 분노로 표현하는 비뚤어진 애착 유형을 심리학에서는 '양가형 애착'이라 부른다.

어머니와 안정된 애착이 형성된 아이는 어머니가 아이를 몇 분간 방치해둔 채 밖으로 나갔다 돌아와도 그저 기뻐하며 응석을 부린다. 반면 돌아온 어머니에게 화를 내고 어머니가 안아주려고 해도 저항하거나 공격하는 아이들도 있다. 이런 반응을 보이는 아이들이 바로 '양가형 애착'을 보이는 아이들이다.

사실 그들은 어머니에 대한 집착이 누구보다도 강하다. 그러나 애착이 강한 만큼 방치당한 데 대한 분노도 강하기 때문이 이 같은 반응을 보이는 것이다. 1.5세 유아들의 10퍼센트 정도가 이러한 양가형 애착의 경향을 보인다고 한다. 한편 어머니가 나타나도 전혀 관심을 보이지 않는 아이도 있다. 이러한 애착 유형은 '회피형 애착'이라 불린다.

이런 양가형 애착은 형제자매에 대한 감정의 골이 깊은 사람들과 긴밀히 연관되어 있다. 그들은 어려서부터 부모에게서 방치되었다거나 사랑받지 못했다고 생각하는 경우가 많다. 그러나 한편으로는 좀 더 응석을 부리고 싶다거나 사랑을 받고 싶다는 마음 또한 은근히 품고 있게 마련이다. 이 두 가지 마음이 뒤섞이면 상대를 갈망하면서도 겉으로는 비난하고 공격하는 행동 양식을 보이게 된다. 이는 아이뿐 아니라 다 자란 성인들도 마찬가지다.

문제는 상대에게 보이는 것은 행동뿐이라는 점이다. 상대의 입장에서는 '아무리 친절히 대해주려 해도 돌아오는 것은 거절과 공격, 비난뿐'이라는 생각이 들기 쉽다. 상대가 남의 속마음은 헤아리지 않고 겉모습밖에 볼 줄 모르는 사람이라면 더욱 그럴 것이다. 그러나 만약 상대가 남의 마음을 헤아려줄 줄 아는 사람이라면 이 같은 행동이 강한 갈망에서 비롯된 것임을 알아챌 것이다. 특히 부모가 그런 사람이라면 혼자 내버려둬서 미안하다며 아이에게 솔직히 사과하고, 아이의 마음을 위로해주기 위해 다양한 방법을 강구하려고 할 것이다.

그러나 부모에게 이 같은 공감 능력이 결여되어 있다면 그들은 아이의 표면적인 태도만 보고 반응하게 마련이다. 그러면서 아이의 애정을 점점 더 비뚤어지게 만든다.

그들은 자신에게 스스럼없는 반응을 보이는 아이를 '착한 아이'라고 하면서 더 많은 애정을 쏟는다. 하지만 그 아이가 스스럼없는 반응을 보이는 것은 원래부터 부모 자신들이 아낌없는 애정을 쏟았기 때문이다. 그들은 그것조차 헤아리지 못한 채 겉모습만 보고 좋아한다.

반면 사랑받지 못한 아이는 양가적 애착을 보이며 일부러 화를 내고 울거나 부모를 거부한다. 그러면 그들은 대번에 짜증스러운 기분이 되어 아이들을 문제아 취급하곤 한다. 자신들이 그 행동의 원인임은 알지 못한다.

그런 대응이 몇 년간에 걸쳐 되풀이되면 부익부빈익빈 같은 현상이 발생하고, 부모 자식과 형제자매 사이에 돌이키기 힘든 감정의 골이 생긴다.

후계자 다툼 뒤에 숨은 편애의 뿌리

가족끼리 경영하는 의료기관에서는 후계자를 둘러싼 다툼이 치열해지는 일도 드물지 않다. A 의료법인을 창설한 선대 이사장에게는 세 자녀가 있었다. 선대 이사장은 맨 처음 장남에게 기대를 걸고 장자로서 뒤를 잇게 하려고 했다. 반면 공격적이고 자아가 강하며 반항적인 성격으로 자라난 차남은 아버지와 자주 부딪혔다. 그리고 막내인 셋째 아들은 응석받이로 자랐음에도 상황을 냉정하게 파악하고 현명하게 처신할 줄 아는 면이 있었다. 그래서 주위에 적을 만들지 않았다.

일이 틀어진 것은 선대 이사장이 후계자로 기대를 걸었던 장남이 압박감을 감당하지 못하면서였다. 장남은 급기야 성적 부진으로 의대를 졸업하지 못할 상황에 이르게 되었다. 그러자 차남이 갑작스레 아버지의 기대를 떠안았다. 차남은 아버지의 뒤를 잇고 싶지 않았지만 주위의 설득에 못 이겨 의대에 진학한 뒤 의사가 되었다. 4~5년간 다른 병원에서 일하다가 체력이 떨어진 아버지의 간청에 A 의료법인으로 옮겨 아버지의 뒤를 이었다. 아들이 원장을 맡게 되자 후계자 문제는 차츰 안정을 찾아가는 듯 보였다.

하지만 아버지와 차남은 원래부터 뜻이 맞지 않는 사이였다. 그 결과 사사건건 의견 대립이 빚어졌다. 효율화를 꾀하는 아들의 생각과 사람을 소중히 여기는 아버지의 신념이 걸핏하면 부딪혔기 때문이다. 아버지는 차남을 후계자로 삼은 데 후회를 느끼기 시작했다.

그런 형세의 변화를 눈치 챈 차남은 선수를 쳤다. 여러 이사들을 거느리고 아버지를 이사장 자리에서 쫓아내고 만 것이었다. 아버지를 몰아내고 이사장이 된 차남은 막강한 권력을 휘두르며 아버지가 정성들여 꾸려놓은 모든 것들을 완전히 뒤집었다.

몇 년 뒤, 아버지는 실의에 빠진 채 세상을 떠났다. 그 무렵 셋째는 의대를 나와 대학병원에서 일하고 있었다. 그는 아버지를 추방한 둘째 형에게 내심 분노를 느꼈지만, 겉으로는 조금도 내색하지 않았다. 이윽고 A 의료법인 병원에서 일하게 된 그는 둘째 형에게도 신뢰를 얻어 이사 자리에 올랐다.

차남은 병원을 확장하는 일에 바빠 그 외의 일은 일체 셋째에게 맡기게 되었다. 문제는 차남의 강경한 경영방식에 반발하는 사람이 많았고, 그로 인해 차남과 일부 이사들 사이에 감정적인 대립이 불거졌다는 점이었다. 삼남도 겉으로는 대립을 피하려 했지만 마음속으로는 조금씩 불만을 쌓아두었다.

그리고 일부 이사들에게서 자신이 이사장이 되어야 한다는 이야기를 들었을 때, 셋째는 차남을 몰아내는 데 동참했다. 처음엔 조금 망설여지긴 했다. 하지만 아버지가 실의에 빠진 채 세상을 떠난 것도 마음에 걸렸고, 둘째 형을 그대로 두면 자신도 언제 쫓겨날지 알 수 없는 상황이었다. 결국 차남은 이사장 자리에서 쫓겨나고 셋째가 그 자리에 앉았다.

이 형제도 처음부터 사이가 나쁜 것은 아니었다. 어린 시절에는 다른 형제들처럼 즐겁게 놀기도 하고 때로는 싸우기도 했지만, 기본적으로는 서로를 위하는 마음도 있었다. 여기에 권력을 둘러싼 커다란 이권과 부모의 무책임한 대응이 얽혀 관계가 변질되고 만 것이었다.

표면적으로 드러난 가장 큰 문제는 아버지의 지나친 자기애였다. 차남과 아버지의 대립도, 세 형제간의 대립도 그 결과라고 할 수 있다. 그러나 그 뒤에는 우리가 알지 못하고 있던 어머니의 편애라는 더욱 커다란 문제가 숨어 있었다.

장남이 태어났을 무렵은 아버지가 막 의료법인을 설립했을 때였다. 당시엔 어머니도 병원 운영에 관여하지 않을 수 없었고, 장남의 양육은 할머니와 베이비시터에게 맡겨졌다. 장남은 경쟁을 원치 않는 얌전한 성격으로 자랐는데, 살벌한 경쟁이 끊이지 않는 의학의 길은 그가 짊어지기에는 너무도 무거운 짐이었다.

차남을 키울 때도 사정은 다르지 않았다. 게다가 차남은 어린 시절부터 똑 부러지는 성격이기도 하여 어머니의 보살핌을 거의 받지 않고 성장했다. 애정이 부족한 탓이었는지 완고하고 반항적인 면이 두드러졌고, 어머니 또한 스스로 낳은 자식임에도 사랑스럽다고 여긴 적이 거의 없었다.

하지만 셋째가 태어났을 때는 달랐다. 병원 경영도 안정을 찾았고, 어머니도 이것이 자신의 마지막 육아라고 생각했기에 자기 손으로 아이를 키우는 데 전념할 수 있었다.

그래서 어머니는 셋째와 가장 친밀하고 안정적인 관계를 형성했고, 셋째는 안정된 신뢰관계를 키우기 쉬운 '안정형'으로 성장했다. 반면 장남은 친밀한 관계는 물론 관계에서 오는 책임도 회피하는 '회피형'으로 자랐고, 차남은 언제든 버려질 수 있다는 불안과 의심이 깊은 '불안형'으로 자랐다.

차남이 이사장인 남편과 대립하기 시작했을 때 어머니가 차남 편에 선 것은 단지 남편과의 관계가 소원했기 때문이었다. 그래서 남편을 추방하는 데 힘을 보탰다. 그러나 차남이 권력을 쥔 뒤 거만하게 행동하자 어머니는 차남 편을 들었던 것을 후회했다. 어머니와의 관계가 본래 소원했던 차남이 노골적으로 어머니를 멀리했기 때문이었다. 게다가 차남은 셋째와 어머니의 관계가 좋다는 사실을 못마땅하게 여기고 있었다. 그러니 어머니로서는 셋째마저 병원에서 쫓겨나는 게 아닐까 하는 불안감이 들 수밖에 없었다.

결국 어머니는 셋째로 하여금 차남을 몰아내도록 은근히 유도했다. 게다가 차남의 의심을 사지 않기 위해 셋째와 자신의 사이가 틀어진 것처럼 꾸미기까지 했다. 그리고 자신과의 애착이 불안정했던 차남을 쫓아내고 가장 애착이 많았던 셋째에게 그 자리를 내어주었다.

4장

나는 태어날 때부터 이런 성격이었을까?

태어난 순서와 성격의 형성

알프레트 아들러가 말하는 태어난 순서에 따른 성격 차이

앞서 소개한 정신의학자 알프레트 아들러는 일찍이 태어나는 순서가 인격 형성과 라이프스타일에 미치는 영향에 주목했다. 그는 인간의 행동을 부추기는 가장 큰 원동력으로 우월해지려는 노력과 열등감을 꼽았다.

그런 의미에서 몇 번째로 태어났는가는 그 아이의 입지를 결정적으로 좌우한다고 말할 수 있다. 형이나 언니, 오빠나 누나는 대개 별 노력 없이 동생을 이길 수 있지만, 동생은 대부분 그들의 그늘 아래 머무르기 쉽다. 어떤 관점에서 보면 태어날 때부터 열등감을 갖고 살아가는 것이다.

아들러는 태어난 순서에 따른 성격을 네 가지 경우로 나누어

설명했다. 첫째, 둘째(중간 아이), 막내, 외동이 그것이다. 여기에 쌍둥이, 양자(의붓아들, 의붓딸)일 경우를 덧붙이면 좀 더 자세한 설명이 가능하다.

그러나 오늘날에는 둘째이자 막내인 사람도 많을 것이다. 또 장남을 특별대우하는 풍습이 남아 있는 집안에서 태어난 장남은 첫째가 아니더라도 첫째 특유의 성격을 지닐 수 있다.

단순히 태어난 순서뿐 아니라 나이 차도 중요하다. 같은 동생이라도 '늦둥이'로 태어난 경우, 두 살 정도 터울인 경우, 터울이 세 살 이상인 경우는 각각 형제자매에게 미치는 영향이 다르다.

형제자매 간의 성격 차를 결정하는 중요한 요인에는 한 가지가 더 있다. 아들러는 그다지 관심을 기울이지 않았지만, 어머니가 아이를 보살피는 데 몰두하는 정도 또한 중요한 요인이 될 수 있다. 이는 3장에서 이야기한 애착에 관련된 부분이다. 어머니가 돌보는 데 별로 관여하지 않거나 관심을 가지지 않은 아이와 열심히 돌본 아이에 대한 태도는 대부분 너무도 다르다. 부부 사이가 좋았을 무렵에 태어난 아이와 부부 사이가 냉랭했을 무렵에 태어난 아이에게 주는 부모의 애정에도 어쩔 수 없이 차이가 생기기 마련이다. 할아버지나 할머니가 돌봐온 아이와 어머니가 직접 돌본 아이 또한 마찬가지다.

이처럼 가정마다 사정은 다르고, 이런 모든 요소들이 복잡하게 얽혀 형제자매 간의 성격 차에 영향을 미친다. 그러나 그중에서도 태어난 순서는 가장 기본적이고 중대한 영향을 미친다고 할 수 있다. 4장에서는 태어난 순서와 나이 차를 통해 형제자매 간의 성격 차와 그 차이가 서로의 관계에 끼치는 영향에 대해 알아보도록 하자.

첫째
낙천적이고 친절한 대인배

프로이트에 의하면 젊은 어머니에게서 맏이로 태어난 아이는 만능감에 가까운 자신감을 갖기 쉽다. 젊은 어머니는 부푼 기대와 바람을 온갖 애정과 함께 아이에게 쏟아 붓기 때문이다. 프로이트 자신도 아버지가 두 번째로 맞이한 젊은 아내의 첫 아이로 태어나 듬뿍 사랑을 받으며 자라왔다. 만년에 프로이트가 세상의 혹독한 비판을 받으면서도 흔들림 없는 자신감으로 미지의 영역을 개척할 수 있었던 것은 어머니의 무조건적인 긍정 덕분이었을 것이다.

그렇기는 하지만 프로이트는 가족 중 맏이는 아니었다. 어머니에게 다른 형이 이미 둘이나 있었기 때문이다. 태어난 순서보다도 애정의 크기가 더 많은 영향을 준 예로 볼 수도 있다. 또한 장남은 태어난 순서와 관계없이 특별대우를 받는 경우가 있고, 그럴 경우 첫째의 특성을 가지고 자라나기 쉽다. 가족들이 오랫동안 아들을 기대해온 경우 그러한 경향은 더욱 강하다.

첫 아이는 부모에게 특별한 존재로 귀중히 여김 받는다. 부모는 아직 육아에 대한 경험이 없기에 최선을 다해 열정적으로 첫째를 보살핀다. 그렇기에 다른 아이들보다 첫째에게 더욱 큰 애착을 보인다. 부모에 대한 아이의 애착도 누구보다 클 뿐 아니라 아이에 대한 부모의 애착도 누구보다 크다.

첫째가 다른 형제와 결정적으로 다른 또 한 가지 특징은 애정을 독점하는 기간을 가진다는 점이다. 이 같은 특징이 첫째의 인격 형성에 미치는 영향은 동생이 몇 년 뒤에 태어나는가, 즉 애정을 독점하는 기간이 얼마나 긴가에 달려 있다.

동생과 어느 정도 나이 차가 있는 첫째는 의젓하고 탐욕스럽지 않으며 느긋한 기질을 보인다. 부모에게 특별히 요구하는 것이 없어도 부모가 알아서 욕구를 채워주었기 때문이다. 그러나 같은 이유로 자신이 최고라고 여기며 특별대우 받는 것을 당연시하는 성격으로 자라기도 쉽다. 그래서 자신이 주목받지 못하고 떠받들어지지 못하는 상황에 쉽게 스트레스와 불만을 느낀다. 애정을 독점하는 기간이 길수록 그런 경향은 강해진다. 그래서 그들은 최고가 되기 위해 큰 꿈이나 야심을 품고 최선을 다해 큰 성공을 손에 넣기도 한다. 하지만 지나치게 낙천적으로 자라난 탓에 현실에 굳건히 발을 디디지 못하고 불가능한 몽상에 빠지거나 모처럼 다 된 성공에 코를 빠뜨리기도 한다.

그런 첫째들의 또 한 가지 특징은 남을 잘 챙겨주는 친절함과 배려심이다. 특히 어려서부터 동생을 잘 돌봐주었던 사람은 애정과 배려가 많은 성격이 되기 쉽다. 동생들의 모범이 되어 그들을 지도할 기회가 많았다면 리더십이나 지도력을 쉽게 체득하기도 한다. 실제로 육군 장군이나 해군 제독이 된 인물들을 조사한 연구에 의하면, 장자의 비율이 통계학적으로 기대했던 것보다도 상당히 높았다. 그러나 이들은 자칫 잘못하면 남들을 지나치게 간섭하거나 사람들 사이에 경계를 짓고 편을 가르는 성격이 되기 쉽다. 더욱이 부모가 첫째만 특별대우하고 동생들을 제대로 돌보지 않으면 공감 능력이나 협조적인 성향이 결여된 자기본위적인 성격으로 자라나기 쉽다.

이는 지적 능력에도 중요한 영향을 미친다. 대학교수나 과학자, 정부 공무원, 파일럿에 대한 조사결과에서 이런 경향을 발견할 수 있다. 네덜란드에서 약 40만 명을 대상으로 실시된 대규모 연구에서도 출생 순서와 지적 능력의 발달 정도에 또렷한 연관성이

동생과 어느 정도 나이 차가 있는 첫째는
의젓하고 탐욕스럽지 않으며 느긋한 기질을 보인다.
특별히 요구하는 것이 없어도 부모가 알아서 욕구를 채워주었기 때문이다.
그러나 같은 이유로 자신이 최고라고 여기며
특별대우 받는 것을 당연시하는 성격으로 자라기도 쉽다.
애정을 독점하는 기간이 길수록 그런 경향은 강해진다.

나타났고, 첫째가 그중 가장 높은 지적 능력을 보여주는 경향 또한 드러났다. 아이를 기르는 부모의 정성이 지적 능력의 발달에도 좋은 영향을 미치는 것이라고 볼 수 있다.

반면 사람이 좋기 때문에 생기는 결점도 있다. 그들은 지나치게 잘 챙겨주는 사람 앞에서는 경계심이 완전히 풀어지고, 그저 달콤한 말을 늘어놓는 사람을 좋은 사람으로 여기는 경향이 있다. 그래서 남들에게 거하게 한턱내기를 좋아하고, 속임수에 말려들어 크게 손해를 보기도 한다.

특히 부모의 사랑을 듬뿍 받으며 착하게 행동하는 습관이 든 사람은 자신에게 불리한 줄 알면서도 상대방의 요구를 무조건적으로 들어주기 쉽다. 상대의 마음에 들고 싶고, 좋은 사람으로 기억에 남고 싶다는 마음이 크기 때문이다.

그러나 몇 년 안 되어 동생이 태어나면 얘기는 달라진다. 부모의 애정을 독점하는 기간도 짧고, 그마저 얼마 안 되어 빼앗기기 때문이다. 그 결과 친절과 배려라는 장점이나 너무 낙천적이어서 손해를 보는 단점은 거의 나타나지 않는다. 대신 자기방어적인 성격이나 남들의 주목을 끌려는 경향이 강해지기 쉽다.

이때 동생에게 애정을 빼앗겼다는 피해의식을 딛고 일어서지 못하면 더욱 그런 성격으로 자라나기 쉽다. 잃어버린 애정과 관심을 회복하기 위해 공격적으로 굴거나 허세를 부리고, 자신의 영역을 지키기 위해 물건에 집착하거나 인색해지는 성격을 띠기도 한다.

화가 파블로 피카소 또한 첫째로 태어났지만 세 살 때 여동생이 태어나면서 부모의 애정을 독점하지 못하게 되었다. 그는 혼란을 겪고 아버지에게 집착했다. 늘 아버지 곁에 붙어 있었고, 학교에도 아버지와 함께 가지 않으면 안 되었다. 화가이자 미술관장이었던 아버지는 아들 곁에서 그림을 가르쳤다. 그러나 피카소는 어머니의 관심을 빼앗겼다는 마음의 상처를 치유하지 못했다. 그가 훗날 숱한 여성과 관계를 맺은 것은 채워지지 않은 애정과 관심에 대한 욕구 때문이었다.

더욱이 동생이 활발한 성격이거나 어느 분야에 뛰어난 면을 보이는 경우, 첫째는 자신감이 없거나 질투심이 강한 성격이 되기도 한다.

정신병원의 입원 환자를 조사한 연구결과, 환자 중 첫째의 비율이 기대했던 것보다 높은 것으로 드러났다. 아들러의 말에 의하면 이는 동생에게 '왕좌'를 빼앗긴 마음의 상처가 크게 작용한 결과다.

두 살 차이로 동생이 태어났을 경우에는 언제든 버려질 수 있다는 불안감과 완고한 성향이 강해지기 쉽다. 2세 무렵은 일단 관심이 낮아지기 시작한 어머니에게 다시 집착하는 '재접근기'다. 이때 어머니의 관심이 동생에게 옮겨가면 어머니를 빼앗겼다는 마음의 상처가 강하게 남을 수 있다.

나이 차가 세 살 이상이 되면 아이가 가장 상처 받기 쉬운 시기는 '재접근기'는 지난 셈이다. 그러나 부모가 관심을 쏟는 정도에 따라서는 동생과 나이 차가 많은 첫째라도 두 살 차이로 동생이 태어났을 때와 비슷한 경향을 보이기 쉽다.

그러나 통상적으로 나이 차가 많아질수록 그런 경향은 줄어든다. 이미 부모와의 애착이 확고히 형성되어 있어 동생에게 애정을 빼앗길 거라는 위협이 훨씬 적어지기 때문이다. 자신이 독점했던 애정을 동생에게 양보하는 일은 있지만, 자신이 버려졌다고 받아들이는 일은 별로 없다.

이 같은 특성 때문에 첫째는 큰 가능성과 함께 인간적인 약점을 지니기 쉽다. 앞서 밝혔듯 큰 성공을 거둔 사람 중에는 첫째로 태어난 사람의 비율이 높다. 그러나 단점이 발목을 잡으면 얘기가 달라질 수 있다.

장자로서 태어나 성공한 사람들 중에는 다음과 같은 사람들이 있다. 윈스턴 처칠(영국 수상), 힐러리 클린턴(미국 상원의원, 국무장

관), 혼다 쇼이치로(혼다의 창업자), 지그문트 프로이트(정신분석의 창시자), 알베르트 아인슈타인(이론물리학자), 프란츠 카프카(작가), 레너드 번스타인(음악가), 스티븐 스필버그(영화감독), 제인 구달(영장류 연구자), 베아트릭스 포터(그림책 작가) 등이 그들이다. 또 정신의학자 칼 구스타프 융에게는 형이 있었는데, 태어난 지 얼마 되지 않아 세상을 떠났으므로 융이 실질적인 첫째라고 볼 수 있다.

장남이지만 누나가 있어서 첫째는 아닌 사람 중에는 에이브러햄 링컨(미국 16대 대통령), 시어도어 루스벨트(미국 26대 대통령), 오쿠마 시게노부(와세다 대학 창립자), 이타가키 다이스케(자유민권운동으로 알려진 정치가), 노구치 히데요(의학자) 등이 있다.

아서 코넌 도일:
추리소설의 아버지이자 동생들의 아버지

추리소설의 아버지라 불러도 과언이 아닌 『셜록 홈즈』 시리즈의 작가 아서 코넌 도일은 스코틀랜드 에든버러 시의 공무원이자 취미 화가인 아버지와 오랜 명문가의 후예인 어머니 사이에서 셋째로 태어난 장남이었다. 그 후에도 여섯 명의 동생이 태어났지만 어머니는 장남 아서에게 각별한 애정을 쏟았다.

예술가적인 기질을 가졌던 아버지가 알코올에 빠져 가계가 궁핍해졌을 때도 어머니는 아서만은 제대로 교육시켰다. 아서는 학교에서 때때로 문제를 일으키기도 했지만, 결국 에든버러 대학 의학부를 졸업하여 의사가 될 수 있었다. 그 또한 어머니의 특별한 배려와 후원 덕분이었다. 아서가 의사가 되고 나서도 어머니는 그와 빈번히 편지를 주고받으며 조언을 아끼지 않았다. 그에 반해 두 명의 누나는 이국 땅에서 가정교사로 일하며 가족을 위해 생활비를 보내 왔다.

셋째지만 장남으로서 어머니의 특별한 사랑을 받았던 아서에게는 첫째에게 흔히 보이는 방어적인 성향이 별로 없었다. 오히려 그에게는 무모한 면이 있었다. 또 자신은 난관을 극복하고 성공을 거머쥘 것이라는 근거 없는 자신감도 있었다. 결국 그는 처음에는 고생을 겪기도 했지만 개업의로서도 성공하고, 어려웠던 학생 시절부터 돈을 벌기 위해 시작했던 원고 집필이라는 취미는 차츰 본업을 밀어내고 세계적인 히트작을 낳았다.

그의 근면한 노력과 성공은 어머니에게서 받은 특별한 사랑 덕분이었다. 듬직하지 못하고 무능했던 아버지의 모습 또한 큰 자양분이 되었다. 아버지 때문에 어머니가 고생하는 모습을 보고 자란 그는 자신이 아버지 대신 집안의 가장으로서 어머니와 형제들을 보살펴야 한다고 생각했다.

아서는 성공을 거둔 뒤 어머니를 가까운 곳에 불러 아무 불편 없이 생활하도록 해주었다. 또한 형제자매들도 정성껏 보살폈다. 자신의 병원에서 접수원으로 일하도록 하면서 학업을 계속할 수 있도록 동생을 뒷바라지하기도 했다. 그 동생은 그 후 육군 준장이 되었다.

버락 오바마:
버림받은 아이에서 버림받은 이들을 돕는 사람으로

미국 대통령 버락 오바마는 첫째로 태어났으며, 그에게는 아홉 살 아래의 여동생 마야가 있었다. 마야는 어머니가 버락의 아버지와 이혼하고 인도네시아의 비즈니스맨과 재혼했을 때 생긴 아이로, 버락과 아버지가 다른 동생이었다.

버락에게 어머니의 재혼은 큰 시련이었다. 나고 자란 하와이에서 멀리 떨어진 인도네시아로 건너가 언어도 전혀 모르는 곳에서 생활해야 했던 것이다. 게다가 어머니와 자기 사이에 새로운 아버지가 끼어들고, 더구나 여동생까지 태어났다.

한 가지 다행인 점은 동생이 태어났을 때 이미 그가 아홉 살이 되었다는 것이다. 그래서 그는 어느 시기까지 어머니의 애정을 독점할 수 있었다. 인도네시아에 가서도 어머니는 매일 아침 일찍 일어나 아들 곁에서 영어를 가르쳤다. 경제적으로는 그다지 여유가 없었지만, 높은 교육열을 보이며 아들에게는 최고의 교육을 받게 했다.

그의 마음속에는 어머니에게 사랑받았던 기억과 어머니에게 버림받았던 기억이 동시에 존재했을 것이다. 그런 상황에서 그는 버려진 사람들을 돌보는 데 관심을 가졌다.

그의 자서전에는 어머니나 아버지 관한 이야기가 매우 많은 데 반해 동생에 관한 이야기는 아주 조금밖에 없다. 비록 표면적으로는 아무 문제가 없었지만, 동생이 태어난 시기는 그의 인생에서 가장 힘든 시기였다고 해도 좋았을 것이다.

그러나 그는 자신에게서 애정을 빼앗아간 어머니와 동생을 미워하지 않고 오히려 사랑했을 것이다. 그것이 그가 엘리트 변호사가 아닌 약자를 지원하는 소셜 오거나이저라는 일을 선택한 이유가 아니었을까.

둘째 ①
권위에 저항하는 현실적인 야심가

둘째 아이, 혹은 중간 아이의 인생은 첫째와 매우 다르다. 태어날 때부터 강력한 경쟁 상대가 눈앞에 있기에 그 뒤를 아장거리는 걸음으로 쫓아가야 한다. 그래서 가혹하고 불리한 경쟁에 휘말리는 일도 많다. 특히 형제의 수가 많았던 옛날에는 첫째와 다른 아이들의 격차가 더욱 심했다.

그들은 이 같은 상황에 적응하기 위한 전략을 세우며, 그 전략을 실행하는 과정에서 특유의 성격을 가진다. 대표적인 전략 중 하나는 손위의 형제자매를 목표 삼아 그 뒤를 쫓는 것이다. 그리고 언젠가 뛰어넘겠다는 열망에 휩싸여 공격적이고 야심적인 성격을 띠게 된다. 이는 그런 열망을 실현하기 위한 능력, 혹은 패

배를 싫어하는 강한 기질이 태생적으로 갖춰졌을 때 흔히 보이는 패턴이다. 그러나 그런 야심은 첫째나 외자식과 달리 매우 현실적인 계산에 근거한 것이다. 따라서 비현실적인 몽상이나 열망에 도취되어 중도에 넘어지는 일은 좀처럼 없다. 위험에 대비하며 주위를 살피는 일도 잊지 않는다.

그들이 보이는 또 한 가지 특징은 권위에 복종하지 않는다는 것이다. 특히 아래로 동생이 있어 중간에 끼인 둘째인 경우에는 완고하게 자신의 생각을 고집하며 권위를 거스르는 경향이 강하다. 또 첫째나 막내에 비해 사랑받을 기회가 별로 없기에 쉽게 불행을 느낀다. 부모 입장에서도 손이 그다지 가지 않아 첫째나 막내에 비해 애정을 쏟기가 어렵기 때문이다.

부모에게서 보살핌 받지 못한 아이는 사랑도 받지 못한다. 그런 애정 결핍에 항의하며 아이가 완고하고 반항적인 태도를 보일 때 부모가 '고분고분하지 않다' '말을 안 듣는다'며 그 아이를 문제아 취급하면 악순환이 시작된다. 권위적인 존재에 대한 아이의 불신과 저항은 더욱 커지고, 이는 훗날 그 아이의 성격과 정체성으로 굳어진다.

둘째, 혹은 중간 아이로 태어난 유명 인물로는 프랑스 대통령 샤를 드골(5형제 중 셋째), 애니메이션을 일류 영화작품으로 키운

월트 디즈니(5형제 중 넷째), 수상으로 활약한 하라 다카시(7형제 중 넷째), 사토 에이사쿠(10형제 중 일곱째), 사업가 손정의(4형제 중 차남), 소설가 다자이 오사무(11형제 중 열째, 6남), 지휘자 오자와 세이지(4형제 중 셋째), 심리학자 가와이 하야오(6형제 중 다섯째) 등이 있다.

같은 둘째라도 둘째이자 막내인 아이는 여기서 설명한 것과는 또 다르다. 그들은 뒤에 설명할 막내로서의 성향을 띤다. 둘째이자 막내인 유명 인물로는 '철의 여인'이라 불리는 전 영국 수상 마거릿 대처(2자매 중 차녀), 야구선수 노무라 가츠야(2형제 중 차남), 스즈키 이치로(2형제 중 차남), 뮤지션 오자키 유타카(2형제 중 차남) 등이 있다.

이츠키 히로시:
고집 센 둘째에서 권력에 저항하는 변호사로

권력에 대항하는 행동파 변호사로 널리 이름을 떨친 이츠키 히로시는 3남매 중 둘째로 태어났다. 그는 화이트칼라 범죄 '목 없는 사건'을 고발하는 등 다수의 중요 사건에서 변호사로 활약한 바 있다.

그는 여섯 살 때 어머니를 잃어 외로움을 많이 탔지만, 그 쓸쓸함이 더욱 깊어진 것은 그를 대하는 아버지의 태도 때문이었다. 형과 여동생은 성적도 좋고 아버지에게 순종적이었지만, 이츠키는 고집이 세고 공부도 싫어했기 때문에 아버지의 눈에 들지 않았다.

그런 이츠키의 편을 들어준 유일한 사람은 할머니였다. 그는 자서전에서도 "할머니만은 나를 차별하지 않고 사랑해주었기 때문에 나는 비뚤어지지 않았다"고 썼다.

그러나 아버지로부터 부당하게 취급당한 체험은 훗날의 그를 만들어주었다. 권력에 대한 불신과 저항을 바탕으로 부당한 일을 당하는 사람의 입장에 서서 싸우는 변함없는 태도는 이 같은 경험에서 만들어진 것이었다.

카라얀:

모든 것을 이룬 뒤에도 사라지지 않은 경쟁심

세계적인 지휘자로 활약한 헤르베르트 폰 카라얀은 둘째로 태어났다. 형 볼프강은 헤르베르트보다 불과 16개월 위였지만, 형에 대한 헤르베르트의 경쟁심은 어렸을 때부터 매우 강했다. 형은 체격도 좋고 사교적이며, 무엇을 해도 발군이었다.

동생은 그런 형을 항상 흉내 내면서 이기려고 들었다. 형에게는 음악적 재능이 있어 어린 시절부터 피아노 실력이 뛰어났는데, 그것을 보고 헤르베르트도 피아노를 배우기 시작했다. 그리고 몇 년 뒤에는 형을 뛰어넘는 실력을 자랑했다. 형도 훗날 오르간 연주자로 활약했지만, 그것은 동생을 '세계의 카라얀'으로 발돋움하게 만든 디딤돌 정도라고 할 수 있었다.

헤르베르트는 훗날 세계적인 명성을 손에 넣고 형을 압도적으로 앞질렀다. 그럼에도 어린 시절부터 마음속에 자리 잡은 형에 대한 경쟁의식은 좀처럼 사라지지 않았다. 그는 심지어 형에게 이름을 바꾸라고까지 했다고 전해진다. '이 세상에 카라얀이 둘이어서는 안 된다'는 것이었다. 조금은 과장된 이야기일지 모르지만, 둘째로 태어난 그의 형에 대한 경쟁의식이 얼마나 뿌리 깊은 것인지 짐작케 하는 대목이다.

아들러:
열등감을 강점으로 변화시킨 집념

열등 콤플렉스, 우월함을 향한 노력 등에 대한 독자적인 심리학을 주창한 알프레트 아들러 또한 둘째였다. 첫째 지그문트는 총명하고 친절한 '모범적인 형'이었다. 알프레트는 그런 형을 뒤쫓아 가야 하는 입장에 있었다.

더욱이 알프레트는 어릴 적에 구루병에 걸렸기 때문에 달리기는커녕 몸을 조금만 움직이는 데도 어려움을 겪었다. 반면 형은 활기차고 건강하게 돌아다녔다. 그는 벤치에 앉은 채 형이 다른 형제들을 데리고 노는 모습을 부러운 듯 바라보고 있을 수밖에 없었다.

그의 운동기능을 회복시키기 위한 부모의 노력 덕분에 그는 다른 아이들과 놀 수 있을 만큼 몸이 회복되기는 했으나, 시련은 거기서 끝나지 않았다. 다섯 살 무렵에 큰 병에 걸려 생명이 위독해진 것이었다. 동네 형이 그를 스케이트장에 데리고 갔다가 그대로 남겨두고 사라져버린 탓이었다.

오랜 시간 얼음 위에 서 있다 어렵사리 집으로 돌아온 그는 그대로 정신을 잃고 위중한 폐렴에 걸리고 말았다. 의사는 고개를 절레절레 흔들며 이미 늦었다고만 말할 뿐이었다. 알프레트 자신도 그 말을 직접 들었다. 그러나 그는 기적적으로 회복했고, 장차 의사가 되겠다고 결심했다. 그리고 훗날 그 꿈을 현실로 이루어냈다.

이 같은 체험을 통해 그는 유약함이나 열등함은 오히려 그것을 극복하려는 힘을 낳는다는 교훈을 얻었다. 그는 그러한 열등감이 오히려 강점이 될 수도 있다고 생각했다. 아들러는 매우 성실한 노력가였고, 어떤 위기가 올지라도 도망치지 않고 극복하려고 노력하면 위기를 기회로 바꿀 수 있다고 믿었다. 그는 신경증과 같은 마음의 병도 자신의 삶에서 도망치려는 핑계라고 생각했다. 그리고 환자들이 마음의 병으로 도망치지 않도록 그들을 설득하려고 했다.

물론 그의 방식은 자아의 힘이 어느 정도 강한 사람에게는 순조롭게 잘 통한다. 그러나 깊은 상처를 가진 사람에게 적용할 경우 때때로 역효과를 낼 수도 있다. 그가 간과한 것은 자신이 어린 시절 부모에게서 각별한 애정과 보살핌을 받았다는 점이다. 신체의 허약함과 구루병에 의한 보행장애는 부모로 하여금 그를 가장 우선적으로 보살피도록 하기에 충분했을 것이다.

이러한 경우 병으로 인해 부모의 극진한 보살핌을 받은 아이는 원기로 충만한 인생을 살아가지만, 건강했던 형제들은 애정 결핍을 겪는 부작용이 일어날 수 있다. 실제로 형 지그문트는 동생보다 뛰어난 능력을 보였음에도 대학에는 진학하지 않고 아버지의 일을 도와 상인으로 살아갔다. 그 때문에 형은 대학 교육을 받고 의사가 된 동생에 대해 복잡한 마음을 가지고 있었다.

그러나 동생 또한 의사로서 성공을 거두고 나서도 형에 대한 열등감에 사로잡혀 있었다. 서로가 서로의 운명을 부러워했던 것이다.

둘째 ②
안정을 추구하는 근면가

한편 능력이 평범하거나 성격적으로 경쟁을 원하지 않는 둘째에게는 적극적인 경쟁이 오히려 독이 될 수 있다. 서로 간에 마찰이 생기고 낙담하게 되는 일이 많아지기 때문이다. 그럴 때 둘째는 자신의 기대나 요구를 드러내지 않고 손위의 형제자매에게 종속하게 된다. 최고가 되려는 마음이나 커다란 성공에 대한 열망을 포기하고 현실에 적당히 만족하려는 것이다. 그럼으로써 그들은 쓸데없는 마찰을 피하고 분수에 맞는 몫을 견실하게 확보하려고 한다.

옛 시절에 사회의 토대를 만들었던 것은 이러한 사람들이었다. 가정에 둘째나 중간 아이가 많았기 때문이다. 그들은 견실함이나 안정성을 우선시한다. 또 현실적인 균형 감각이 뛰어나 꿈같은 얘기나 감언이설을 들으면 수상쩍은 분위기를 감지하고 냉정히 대처하므로 실수하는 일이 없다. 이는 어린 시절부터 고생하며 몸으로 익힌 것으로, 첫째가 하루아침에 흉내 낼 수 없는 능력이다.

그들은 첫째처럼 상대에게 좋은 사람으로 보이려는 생각에 알면서도 손해를 보는 일이 없다. 냉정하게 상대를 관찰하며 마음을 꿰뚫어본다. 겉치레나 달콤한 말을 들으면 오히려 상대를 신용하지 않으며, 반대로 상대의 약점을 간파하고 신중하게 교섭하는 데 능하다.

따라서 교섭에 임할 때 상대가 몇 번째로 태어났는지 알아두는 것은 매우 중요하다고 할 수 있다. 상대가 첫째라면 겉치레로 우호적인 분위기를 자아내는 것이 유리한 조건을 이끌어내기에 좋을 것이다. 그러나 상대가 둘째나 중간 아이라면 그것은 오히려 스스로 무덤을 파는 일이 되기 쉽다. 또 첫째는 상대가 좋은 사람이라고 생각하면 그다지 험악한 말을 하지 않으려고 하지만, 둘째나 중간 아이는 다르다. 상대가 좋은 사람이기 때문에 더 양보해줄 것이라고 생각하며 자기 몫을 조금이라도 더 챙겨오려 한다.

하세가와 마치코:
경쟁심 없이 묵묵하게 일하며 성공을 이루다

만화 〈사자에상〉으로 지금도 꾸준히 사랑받고 있는 작가 하세가와 마치코는 중간 아이였다. 처음에 그녀는 셋째로 태어났지만 둘째 언니가 세상을 떠나고 그 뒤로 여동생이 태어났다. 이 작품에 등장하는 캐릭터 사자에는 마치코 자신을 반영한 것이라고 할 수 있다.

이 작품의 매력은 아무렇지 않은 듯 흐르는 유머와 시대를 뛰어넘는 서민적 시점일 것이다. 연재가 시작된 것은 2차 세계대전 직후였는데, 일상의 가정 풍경 속에 소탈한 모습으로 그려진 왈가닥 사자에를 보며 많은 사람들이 마음의 치유를 받았다.

마치코 자신도 엄격한 법도에 사로잡히지 않고 자유롭고 현실적인 생각을 가진 사람이었다. 그녀는 전쟁 중에 신문사 일을 시작했는데, 일을 하지 않으면 징용되어 군수공장으로 가야 했기 때문이었다. 실제로 그녀는 전쟁이 끝난 바로 다음 날 신문사를 그만두었다.

그림을 그리는 언니의 모습을 보고 일찍이 그림에 흥미를 가졌던 것도 그녀가 성공의 기초를 쌓는 데 유리하게 작용했다고 할 수 있다. 하지만 그녀는 카라얀처럼 형제에 대한 경쟁의식이 있었던 것도 아니고, 아들러처럼 열등감이 있었던 것도 아니었다. 오히려 많은 것을 바라지 않고 작은 행복에 만족하는 편이었다. 그리고 야심이나 명예욕 없이 현실의 상황이나 요구에 따라 부지런히 일하는 가운데, 어느새 그녀에게 길이 열렸다.

둘째 ③
자립심 높은 성공가

둘째 아이, 특히 중간 아이는 아무래도 첫째에 비해 키우는 데 수고가 덜 든다. 그렇기에 일찍이 자기 일은 스스로 하는 자립심이 형성된다. 첫째는 문제가 일어나도 누군가 해결해줄 때까지 가만히 있는 경우가 많다. 늘 누군가가 나서서 해결해주었기 때문에 스스로 매듭짓는 능력이 키워지지 않는다. 반면 둘째나 중간 아이는 아무도 해결해주지 않는 일이 많다. 결국 스스로 해결하거나 스스로 대처할 수 없을 때는 타인에게 도움을 청하는 습관을 들일 수밖에 없다.

그러나 이 말을 뒤집으면 보살핌을 받지 못했다는 얘기다. 부모의 관심을 제대로 받지 못했다는 얘기이기도 하다. 그 사실은 자기 스스로에 대한 평가에도 영향을 미치게 된다. 그래서 스스로를 걸핏하면 부정적으로 평가하기 쉽다. 자신이 어딘가 좋은 점이 있는 존재라고 생각하기보다 칠칠치 못하고 사랑받을 가치가 없는 존재라고 생각한다. 부모가 자신을 보살피지 않았던 것도 그 때문이라고.

그들이 사회적 능력이나 인내력 면에서는 두각을 나타내지만 학업 성적도 뛰어나지 않고 큰 성공을 거두기 어려운 이유는 이 같은 낮은 자기 긍정감 때문이라 할 수 있다. 그러나 그런 부정적인 요소를 극복하면 오히려 더욱 강한 자아와 개성을 갖출 수 있다.

루키노 비스콘티:
어린 날의 반항이 파괴와 창조의 전위예술을 낳다

〈포스트맨은 벨을 두 번 울린다〉〈베니스에서 죽다〉 등 예술성 높은 작품으로 알려진 영화감독 루키노 비스콘티는 7형제 중 넷째이자 삼남으로 태어났다.

그는 어린 시절부터 반항적인 성격이 강했다. 아버지의 엄한 교육에 반발하여 몇 번씩이나 가출을 했을 정도다. 그는 지난날의 자신에 대해 '어린 시절부터 나는 어떤 강요에도 반발했다. 비록 거기에 따라야만 할 때도'라고 회고했다. 기성의 것을 파괴하고 새로운 것을 창조하는 전위예술가로서의 기질은 그 반항 정신에 근거한다고 말할 수 있다. 이는 그가 아무도 옹호해주지 않는 중간 아이로 태어났다는 사실과도 무관하지 않을 것이다.

중간 아이들 중에는 확실한 개성을 지닌 사람이 많다. 호불호가 분명하다고도 할 수 있다. 여기에 예술이나 교양에 관심 많은 유복한 집안에서 자라난 루키노의 개성은 보다 세련되고 윤곽이 또렷해졌다.

둘째나 중간 아이들은 첫째나 막내처럼 편들어주고 보호하는 사람이 없다. 결국 스스로의 재능과 힘에 의지하게 된다. 보호받지 못하고 방치된다는 위기감 속에 살아가기 때문에 자기주장이 강하며, 때로는 싸움을 불사하는 경향을 보이기도 한다.

미야자키 하야오:
형의 그늘을 벗어나 거장으로 올라서다

〈이웃집 토토로〉〈천공의 성 라퓨타〉 등의 걸작으로 알려진 애니메이션의 거장 미야자키 하야오는 4형제 중 둘째로 태어났다. 그를 비롯한 형제들에게 가장 큰 존재감이 큰 형제는 장남 아라

타였다.

아라타는 공부도 운동도 뛰어난 데다 싸움도 잘하는, 그야말로 리더의 품격을 갖춘 인물이었다. 그에 비하면 소년 시절의 하야오는 학교에 적응하기조차 힘들어하는 얌전하고 과민한 아이였다. 그가 아이들에게 괴롭힘 당하지 않고 무사히 학교를 다닐 수 있었던 것은 맏형 아라타 덕분이었다. 하야오는 믿음직한 맏형의 보호를 받으며 조용히 학창시절을 보냈다. 그리고 집에서도 자신의 의견이나 주장을 드러내지 않고 부모나 형의 의견을 잠자코 따랐다.

그런 하야오가 스스로 선두에 서서 자기 의견을 말하게 된 것은 도에이 애니메이션에 취직하고 조합 활동을 하면서부터다. 형이라는 방패가 없어지자 억눌려 있던 자아가 분출되기 시작한 때문인지도 모른다.

물론 애니메이션처럼 많은 사람과의 팀워크가 필요한 영역에서는 자기주장과 주위 의견 사이에서 타협을 꾀하는 것이 중요하다. 머릿속에 있는 것을 현실로 구현해내기 위해서는 자기주장과 타협, 두 가지 능력 모두가 필요하다.

차남으로 태어나 눈에 띄지 않는 존재로서 지내며 그는 자신만이 특별한 존재여야 한다는 아집을 버려야 한다는 것을 가장 먼저 배웠을 것이다. 그렇기에 그는 거장이라 불리면서도 개인보다는 스튜디오 지브리의 일원으로서 행동해왔다. 그가 수많은 걸작을 만들어낼 수 있었던 비밀 또한 거기에 있었을 것이다.

막내
사회성을 타고난 헌신가

막내의 특징적인 성격은 옛날부터 경험적으로 잘 알려져왔다. 동생이 없어서 부모의 애정을 빼앗길 염려 없이 독차지할 수 있기 때문이다. 첫째는 외동이 아닌 이상 계속해서 애정을 받을 수 없지만 막내는 부모가 살아 있는 한 평생 그런 위협 없이 애정과 관심을 누릴 수 있다. 손위 형제자매에게서 어느 정도 압박감은 받을지언정 부모에게는 소중히 보살핌 받는 일이 많아 느긋한 성격이 되기 쉽다. 부모도 이 아이가 마지막이라는 생각에, 또 다른 아이들보다 더 오래 함께할 수 없다는 생각에 더 마음이 더 쓰이게 마련이다. 그 결과 모자분리와 독립이 늦어지기 쉽고, 첫째보다도 응석받이에 의존적인 성격이 되기도 쉽다.

반면 의외로 불안감이 강해지거나 쉽게 지치는 경향도 있다. 모자분리가 늦어짐에 따라 정서적으로 독립하는 시기가 늦어지고, 따라서 의존적이고 불안이 강한 성격이 되기 쉬운 것이다. 또 부모가 나이가 들어 건강에 문제가 생기면 첫째에게 그랬던 것처럼 진취적인 에너지나 낙천적이고 밝은 면을 아이에게 보여주기가 어렵다. 부부 사이의 애정이 첫째를 기를 때처럼 열렬하지 않을 수도 있다.

또 다른 막내의 성격적 특징은 충돌을 피하면서 자기 이익을 챙기는 능력이 뛰어나다는 점이다. 손위 형제자매에게 힘으로 맞설 수 없다는 것을 일찍이 깨닫기 때문이다. 그들은 남들과 정면으로 부딪히는 것을 피하고 남에게 안기거나 응석부리거나 마음에 들려고 애씀으로써 안전을 확보하고자 한다. 또한 다른 형제자매들을 관찰하면서 자연스레 인간관계가 어떤 식으로 움직이는지 알아차리는 능력이 생기는 경우도 많다. 이러한 대인관계를 조정하는 능력이나 타인의 마음에 들고자 애씀으로써 활로를 찾는 기술은 사회생활에서도 유용한 효과를 발휘한다.

막내는 부모에게 의존하면서 착한 아이나 우등생으로서 행동하는 경우가 많다. 그러나 부모 또한 자기도 모르는 사이에 막내에게 의존하기도 한다. 첫째에게는 전폭적인 지원을 아끼지 않았더라도 막내를 뒷바라지할 때는 현실적인 사정을 고려하는 일도 있다. 막내를 뒷바라지할 때쯤엔 재산, 건강, 수명, 앞으로 일할 수 있는 기간 등이 얼마 남지 않아 현실적인 제약이 커져 있을 수도 있다.

한편 늘그막에 태어난 늦둥이는 과잉보호를 받기 쉽다. 그래서 자기관리에 취약하며 탐닉이나 중독에 빠지기 쉬운 사람으로 자라기도 한다. 일례로 알코올중독과 출생 순서의 관계를 조사한 여러 연구결과는 막내의 알코올중독 위험성이 가장 높다는 점을 시사하고 있다.

막내로 태어난 사람들 중에는 박애정신으로 사회에 봉사하고 헌신하거나 불가능을 가능으로 바꿔놓은 사람이 많다. 안정적인 사랑을 받으며 평화를 사랑하는 심성을 기를 수 있었기 때문이다. 막내 아이로 자라난 유명인사에는 테레사 수녀, 마하트마 간디, 마리 퀴리, 사카모토 료마(막부 말의 활동가), 후쿠자와 유키치(게이오대학 창립자), 마쓰시타 고노스케(파나소닉 창업자) 등이 있다.

한편 서비스 정신이 왕성한 막내들은 연예계에도 많이 진출해 있다. 배우 말론 브란도, 조니 뎁 등 일일이 꼽을 수 없을 정도다. 스포츠 선수로 크게 성공한 사람도 많다. 여기에는 야구선수 나가시마 시게오, 그리고 오치아이 히로미쓰 등이 있다.

반면 소설가 나쓰메 소세키는 막내로 태어났음에도 시니컬하고 인간을 싫어하는 성격으로 자랐다. 양자로 보내졌다가 다시 본가로 돌아가는 불안정한 환경에서 자라난 탓이었다.

니지마 조:
사람을 끌어당기는 막내의 매력

도시샤 대학의 전신인 도시샤 영학교(英學校)를 창설한 니지마 조는 위로 네 명의 누나가 있었다. 집안이 기다리고 기다리던 아들이었던 셈이다. 그가 태어났을 때 할아버지의 입에서 무심코 "됐다!"(일본어로 '시메타!'-옮긴이)라는 말이 터져 나왔다고 해서 그가 어릴 적 '시메타'로 불린 일화는 제법 유명하다. 마침내 아들을 얻게 된 가족들의 기쁨은 컸고, 막내이자 장남이었던 그는 부모의 총애를 받으며 자라났다.

그는 응석받이 도련님이었지만 한 번 마음먹으면 물불을 가리지 않고 밀어붙이는 강한 기질을 가지고 있었다. 두 기질은 얼핏 모순되는 것 같지만, 실제로는 어린 시절에 특별한 보살핌을 받은 사람들에게 흔히 나타나는 특징이다. 불가능을 가능으로 만드는 자신감과 강한 신념은 무조건적인 사랑과 무한한 긍정 속에서 생겨난다.

문서나 기록 작성을 담당하는 하급관리인 유필이었던 아버지는 아들도 같은 길을 걷기를 기대했다. 하지만 그는 난학(서양의 의학이나 과학)에 열중하여 유필로서의 직무를 게을리 하고 난학학원에 다녔다. 그것이 발각되어 꾸중을 들었을 때도 시류에 뒤처지지 않기 위해서는 오히려 그런 것이 필요하다며 강하게 자기주장을 펼쳤다.

그래도 한때는 아버지의 설득에 못 이겨 유필 업무에 전념하려고 했지만, 그러자 병에 걸리고 말았다. 뜻에 맞지 않는 일을 억지로 하려고 했기 때문에 생긴 심인성 질병이었다. 아버지도 그 사실을 깨닫고 난학학원에 다니는 것을 허락하자 그의 병은 씻은 듯이 나았다고 한다. 그가 싫어하는 일을 강요받고 적응장애를 일으킨 이유는 응석받이로 자라나서이기도 했고 일찍이 독립심이 생겨났기 때문이기도 할 것이다.

그는 난학을 배우는 데 그치지 않았다. 그리고 국법을 어기고 해외로 도항할 것을 꾀했다. 이전에 요시타 쇼인이 같은 일을 하려다 실패했지만 그는 멋지게 성공해냈다. 그러나 그것은 니지마 자신조차 상상하지 못했던 고난의 시작이었다.

그는 일본을 무사히 탈출했지만 이후에는 아무 희망도 없었다. 그러나 노예처럼 허드렛일을 한 끝에 마침내 미국에 도착한 그는 아는 사람 하나 없는 땅에서 대학교까지 마치는 성과를 이뤄냈다. 이 모든 것은 타인의 호의에 의지했기에 가능한 일이었다. 주위의 모든 사람들에게서 사랑받으며 자란 막내 니지마에게는 누구든 그를 도울 수밖에 없게 만드는 신비로운 능력이 갖춰져 있었던 것이다.

다케다 데츠야:
나를 키운 것은 형에 대한 콤플렉스였다

배우 다케다 데츠야 씨는 5남매 중 막내이자 차남으로 태어났다. 그가 감정의 기묘한 변화를 읽고 사람의 마음을 사로잡는 능력으로 커다란 인기를 누릴 수 있었던 것은 막내로 자라나며 형성된 성격 덕분이다.

다케다 씨가 큰 꿈을 이루는 데 어머니의 응원이 힘이 되었던 것은 잘 알려져 있다. 그러나 다케다 씨의 저서 『서쪽의 창가로 가세요』에 따르면 원래 어머니가 가장 기대를 걸었던 것은 그가 아닌 그의 형이었다.

그에게는 12살 위의 맏형, 그리고 그 아래로 세 누나가 있었다. 꽤 나이 차가 나는 맏형은 데츠야 씨에게 매우 커다란 존재감으로 다가왔다. 가벼운 이야기도 나눌 수 없어 늘 존댓말을 썼을 정도였다. 형은 학업에도 뛰어나 와세다 대학을 졸업하고 광고회사에 취직하는 엘리트 코스를 밟았다. 다케다 씨도 막내였기에 부모의 사랑을 받기는 했지만, 그는 늘 어머니가 형만 특별대우한다는 느낌을 받았다.

그는 재수를 하고 후쿠오카 교육대학에 진학했지만 대학을 휴학하고 포크싱어가 되기 위해 도쿄로 상경했다. 그런 그의 가슴 속에는 언젠가 어머니에게 인정받고 싶다는 마음이 깊이 자리하고 있었을 것이다. 그는 이 같은 마음을 담은 노래 〈어머니에게 바치는 발라드〉로 일약 인기가수 반열에 올랐다.

형은 됨됨이가 나쁘다고 생각했던 동생의 예기치 못한 성공에 충격을 받았다. 그때까지 어머니의 사랑을 한 몸에 받았던 형은 흔한 성공에 만족하지 못하고 회사를 그만둔 뒤 사업을 시작했다. 그러나 너무 성급했기 때문일까, 사업은 크게 실패하고 형은 빚더미에 앉고 말았다. 이는 첫째들이 흔히 보이는 낙천적인 실수가 낳은 결과이기도 했다.

엘리트였던 형은 한 번 주저앉더니 다시는 일어서지 못했다. 다케다 씨를 멋대로 보증인으로 세워 돈을 빌리거나 본가의 집을 담보로 빚을 지는 등 금전적인 문제가 끊이지 않았다. 어머니 이쿠 씨가 '다케다 데츠야의 어머니'로 유명해지고 강연활동에 나서자 그녀의 매니저로 활동하며 입에 풀칠은 할 수 있었지만 그것도 잠시였다. 어머니가 세상을 떠났을 때 본가의 부동산은 형이 아니라 누나들의 명의로 되어 있었다. 직업도 잃고 상속을 둘러싼 분쟁에 휘말린 형은 술에 빠져 지냈다. 그리고 술꾼들이 많이 걸린다는 식도암으로 목숨을 잃었다. 형과 완전히 소원해졌던 다케다 씨가 병든 형을 찾아간 것은 형이 세상을 떠나기 두 달 전의 일이었다.

그는 어느 잡지와의 인터뷰에서 가족들에 대해 이렇게 말했다.

“나는 형에게 콤플렉스를 가지고 있었다. 어머니의 사랑을 독차지했고, 우등생이었고……. 그래서 형을 미워했다. 그러나 그 콤플렉스가 나를 성장시키고 여기까지 올라올 수 있게 해주었다. 형이 지금의 나를 만들었다.”

그에게 형은 뛰어넘기 힘든 커다란 존재였다. 그리고 마침내 동생이 형을 뛰어넘었을 때 형은 갑자기 주인공의 자리에서 쫓겨나 비참한 삶을 살게 되었다.

외동
무한한 사랑을 먹고 자란 이상가

외동은 부모의 애정이나 관심을 계속해서 독차지할 수 있다. 더욱이 손위 형제자매에게서 압력을 받는 일도 없어 늘 보호받고 있다는 안정감 속에 자라날 수 있다. 부모가 신경 써야 할 다른 아이가 없으니 욕구도 금세 채워진다. 그런 까닭에 기본적으로 억척스러운 구석 없이 낙천적이고 느긋한 성격으로 자란다.

그러나 같은 이유로 원하기만 하면 언제나 얻을 수 있는 것을 당연시하는 성격이 되기 쉽다. 부모가 충분히 주의를 기울이지 않으면 자기중심적인 사람이 될 가능성도 있다. 물론 사회생활을 하다 보면 그런 경향은 어느 정도 극복된다. 그래서 공적인 자리에서는 타인에 대한 배려를 보일 수 있다. 하지만 사적인 자리에서는 자기중심적인 본성을 드러내기 쉽다. 공적인 자리에서 친해진 사람들에게도 점차 사이가 가까워지면 제멋대로 굴어서 상대를 당혹시키기도 한다.

중국에서는 1가구1자녀 정책을 오랫동안 실시해온 결과 외동이 다수를 차지하는 세대가 이미 장년기에 이르렀다. 그들은 어린 시절부터 '작은 황제'라 불리며 중국 내에서도 다른 세대들의 불안한 눈길을 받아왔다. 작은 황제라는 말에서도 알 수 있듯 외동의 발달심리상 특징 중 하나는 유치한 '과대자기'가 교정되지 않은 채로 남아 있기 쉽다는 점이다. 과대자기에는 두 가지 특징이 있다. 첫째는 늘 모든 사람들에게 주목받고자 하는 '자기현시성'이고, 둘째는 뭐든 생각대로 될 것이라는 만능감이다.

그런 '과대자기'가 나타나는 원인은 부모에게 있다. 늘 아이의 욕구를 채워주었고, 욕구가 항상 채워지는 것은 아니라는 것을 가르치지 못했기 때문이다. 아이 입장에서도 다른 형제자매가 있으면 자신이 늘 관심의 중심에 있을 리가 없다. 특히 손위 형제자매가 있으면 만능감 대신 열등감이 생기기 쉽다. 그러나 외동은 그럴 형제자매도 없거니와 부모 또한 곁에서 늘 자신을 지원해준다. 때로는 자기 몸의 연장선, 혹은 응원단이나 찬양자가 되어주기도 한다.

그 때문에 외동들은 자신의 한계에 대한 인식이 명확하지 않은 경우가 많다. 그래서 부모가 하나뿐인 아이에게 커다란 기대나 꿈을 품으면 아이도 그에 응답하듯 큰 야심과 이상을 품는다. 때로는 과도한 이상이나 만능감이 성공에 이르는 원동력이 되어주기도 한다. 그 원동력을 바탕으로 불가능해 보이는 일에 도전하거나 역경을 극복하고 큰 성공을 이룬다.

그러나 부모의 기대와 아이의 능력에는 분명 차이가 있다. 그 차이가 커지면 아이가 현실에 적응하지 못하는 일이 벌어질 수 있다. 현실에서 도피하여 환상의 세계에 빠져듦으로써 자기의 욕구를 채우려 하는 경우도 있다.

이는 외동이 아닌 아이에게도 일어날 수 있는 일이다. 일반적으로 어린 시절에 큰 기대를 받았던 아이일수록 좌절에 빠지기 쉽기 때문이다. 하지만 외동은 궁지에 몰려도 실패해도 관심을 빼앗기거나 방치되는 일은 거의 없다. 부모에게는 그 아이밖에 없으므로 다른 아이에게 기대를 옮길 수 없기 때문이다. 그러므로 부모는 계속해서 아이를 응원하고, 우여곡절은 있을지언정 결국 아이는 역경을 극복한다.

아이에게 치명적인 것은 좌절이나 실패가 아니다. 그것을 계기로 부모의 기대나 관심이 줄어들거나 멀어지는 것이다. 그러나 외동에게는 그런 일이 잘 일어나지 않는다. 부모는 어떤 일이 있어도 자신의 든든한 지원군이라는 안심감은 역경을 극복하는 강력한 원동력이 된다.

물론 너무 응석받이로만 자란 탓에 인내심을 기르지 못하면 얘기는 다르다. 또 본인의 능력을 넘어서는 과도한 기대를 받거나 늘 곁을 지켜주던 존재가 곁을 떠나도 마찬가지다. 그러나 그런 일들이 벌어지지 않는 한 외동은 안정감을 바탕으로 최대한의 능력을 발휘할 수 있다. 그렇기에 성공을 거둘 가능성도 크다.

외동아들 혹은 외동딸인 유명 인사로는 한스 크리스티안 안데르센(동화작가), 프랭클린 루스벨트(미국 32대 대통령), 장 폴 사르트르(철학자), 나가오카 한타로(물리학자) 등이 있다. 과거엔 외동이 드물었지만, 안데르센이나 사르트르처럼 아버지가 일찍 세상을 떠나버린 까닭에 동생이 생기지 않은 경우도 때때로 있었다. 한편 뮤지션 엘비스 프레슬리는 쌍둥이 동생이 있었지만 태어나자마자 곧 세상을 떠났기에 외동으로 성장했다.

잭 웰치:
무한 긍정이 일궈낸 성공

잭 웰치는 GE(제너럴 일렉트릭)를 세계 최대의 전기기기 제조업체로 키워낸 것으로 널리 알려져 있다. 또 뛰어난 경영 수완으로 많은 비즈니스맨들의 존경을 받고 있다.

외동아들이었던 그는 어머니가 36세, 아버지가 41세일 때 태어났다. 그의 부모는 오랜 세월 기다리고 기다려 얻은 아들에게 무조건적인 사랑을 쏟아 부었다. 그 덕에 응석받이 도련님으로 다소 의존적인 면도 있는 젊은이로 자라났지만, 그는 무엇보다 중요한 성공의 원동력을 기를 수 있었다. 바로 자신감이다.

그가 자서전을 통해 이야기했듯 그의 부모는 그의 어떤 단점도 부정적으로 받아들이지 않았다. 그 대신 어떻게든 거기에 긍정적인 의미를 부여하려고 했다. 일례로 그는 대학생이 되었을 때까지도 말더듬이 심했다. 그러나 어머니는 "너처럼 머리 회전이 빠른 사람은 혀가 그 속도를 따라갈 수 없어"라는 말로 아들의 자존심을 지켜주었다. 말을 더듬는 것은 머리가 너무 좋기 때문이라는 말이었다. 이후로 그는 자신이 아무리 말을 더듬거려도 전혀 개의치 않았다고 한다. 어머니의 말처럼 '머리 회전이 너무 빨라서'라고 생각했기 때문이다.

또 어린 시절 그는 몸집이 작았다. 농구선수로 활동하고는 있었지만 신장이 다른 선수들의 4분의 3 정도밖에 되지 않았다. 그래도 그는 자신이 체격적으로 열등하다고는 단 한 번도 생각한 적이 없었다고 한다. 이 또한 어머니의 응원 덕분이었다. 어머니는 늘 '사람은 원하기만 하면 어떤 사람이든 될 수 있다. 모든 것은 자기 하기 나름이다'라고 그에게 말해주었다. 그렇기에 그 또한 체격 차 같은 것은 문제되지 않는다고 생각한 것이었다.

이런 부모님의 보호를 받으며 그는 실패를 두려워하지 않고 자신의 가능성을 믿는 자신감을 키워왔다. 이것이 외동이 누릴 수 있는 가장 큰 강점이다.

무라카미 하루키:
타인은 나만의 세계를 무너뜨리는 침입자

외동에게 나타나기 쉬운 단점이 있다면 깊은 관계를 회피하려는 성향이다. 그들은 사람들 속에서 부대끼며 살아온 경험이 부족하기 때문에 타인과의 감정 교류에 서투른 편이다. 따라서 자기중심적으로, 혹은 표면적으로 상대를 대하며 친밀한 관계를 피하기 쉽다. 한마디로 '자폐적인 면이 생기기 쉽다'고 할 수 있다.

집에서 늘 혼자 지내야 하는 외동은 홀로 공상에 빠지며 노는 일이 많다. 어릴 적부터 형제자매와 끊임없이 부딪치며 자라난 아이와 타자에 대한 감각이 다른 것은 어찌 보면 당연한 일이다.

『노르웨이의 숲』『해변의 카프카』 등의 걸작으로 세계적인 인기를 얻고 있는 소설가 무라카미 하루키 또한 외동아들로 자랐다. 그렇게 자라나며 형성되어온 그의 성격은 작품을 통해 미루어 짐작할 수 있다. 예컨대 젊은 시절의 작가 자신이 농후하게 투영되었다고 여겨지는『노르웨이의 숲』의 주인공이 그렇다. 이 작품의 주인공은 타자와 마음으로부터의 관계를 회피하려는 성향을 보인다. 이런 개인적 특성을 정신의학에서는 '회피성'이라 부른다.

회피성은 무언가를 책임지는 일이나 상처 받는 일을 회피하는 경향으로 드러난다. 이런 경향은 타자와의 관계를 회피하려는 성향과 밀접하게 관련되어 있다. 타자와 친밀한 관계를 맺으면 거기엔 서로에 대한 책임이 발생한다. 또 깊은 관계에 있는 상대를 행복하게 하려고 노력할수록 실망하고 상처 받는 일도 많아진다.

외동으로 태어난 사람은 현실의 세계에서 타인과 교류하는 시간보다 자기 안에서 공상의 세계를 만들어가는 시간이 많다. 그들은 혼자만의 세계에 더 익숙하기에 사랑하는 존재에게도 진심으로 마음을 터놓기 어렵다. 오히려 일정한 거리를 두어야 안심하고 마음을 놓을 수 있다. 또 현실 세계의 타인을 감당하기 어려워하며, 타인이 쉽게 상처 받는 자신의 세계를 무너뜨리지는 않을지 두려워한다.

하루키는 아이를 가지지 않은 이유에 대해 이렇게 말했다. "나는 집 안에서 바지런히 일하는 타입이다. 그런데 아이가 있으면 잘해낼 자신이 없었다. 비교적 스타일을 엄하게 규정하고 일을 해나가는 타입이어서 거기에 새로운 것이 들어오는 데 친숙해질 수 없기 때문이다."

그에게 아이는 자신의 세계를 무너뜨리는 침입자로 인식되고 있는 셈이다. 그는 작품이 완성되면 가장 먼저 아내에게 읽힌다고 말한 적이 있다. 만일 아이가 생기면 이 같은 아내의 역할도 변질될지 모른다. 그는 그 사실을 본능적으로 감지했을 것이다. 아내가 아이의 어머니가 되어 자신보다 우선하는 존재를 가지는 것을 원치 않았던 것일지도 모른다. 이는 자기 안의 세계에서 살아가는 것이 자연스러운 외동아들다운 생각이라고 할 수 있다.

최근 회피성이 두드러지는 젊은이들이 세계적으로 증가하고 있다. 회피적인 감성을 가진 주인공에게 공감하는 사람이 많은 것 또한 하루키의 문학이 많은 지지를 받는 큰 이유 중 하나일 것이다.

부모의 재혼으로 생긴 형제자매

이혼과 재혼이 늘어남에 따라 부모가 재혼하면서 데려온 아이도 적지 않게 생기고 있다. 어머니와 새아버지, 혹은 아버지와 새어머니 사이에 아이가 생기기도 한다. 그러면 원래부터 집안에 있던 아이에게는 아버지 혹은 어머니가 다른 형제자매가 생긴다.

몇 번째로 태어난 아이든 새로운 가족이 생기면 이제껏 누려왔던 평온함에 균열이 일어난다. 새아버지(혹은 새어머니)뿐 아니라 친어머니(혹은 친아버지)에게도 예전에 친부모에게 했던 것처럼 응석을 부릴 수가 없기 때문이다. 이쯤 되면 부모는 반쯤은 타인이 되어버린다. 새로운 형제자매가 생겼기에 그들의 애정도 독점할 수 없다.

그 때문에 데려온 아이에게는 특유의 성격이 형성된다. 그들은 사람의 낯빛을 민감하게 받아들이며, 상대에게 과도하게 맞추려고 하는 나머지 자신의 진심을 말하지 못한다. 데려온 아이가 되기 전보다 안정감이나 자기긍정성도 낮아지기 쉽다. 애정 결핍 또한 느끼게 되는데, 그로 인한 고통을 피하기 위해 스스로를 속이려고 한다. 그래서 자기파괴적인 행동에 빠지거나 집에서 일찌감치 나가려는 마음에 이성관계에 지나치게 몰두하기도 한다.

한나 아렌트:
잃어버린 아버지

국제정치학자 한나 아렌트는 일곱 살 때 아버지를 매독으로 잃었다. 한나의 어머니는 아버지를 매우 사랑했지만 생활을 유지하기 위해 재혼을 택하기로 했다. 그때까지 외동딸이었던 한나는 데려온 자식이 되었다. 새아버지가 된 남자에게도 어머니를 잃은 두 딸이 있었고, 한나의 어머니는 한나에게 했던 것 이상으로 의붓딸들을 아끼고 사랑했다.

가정이 원만해지려면 그렇게 하는 게 당연하다고 한나도 알고 있었다. 하지만 마음 한구석에는 어머니를 빼앗겼다는 기분이 들었다. 그때까지 우등생이었던 그녀는 차츰 연애 문제를 일으켰다. 한나가 연애 상대로 택한 사람은 대개 나이 차가 많은 연상의 남자였다. 그중에는 『존재와 시간』으로 세계적인 명성을 얻은 마르부르크 대학 철학과 교수 마틴 하이데거도 있었다. 두 사람의 관계는 하이데거가 자신의 명성에 흠집이 생기는 것이 두려워 그녀와의 관계를 청산하면서 끝났지만, 그녀는 하이데거에 대한 애정을 그 뒤로도 계속 간직하고 있었다. 그리고 전쟁이 끝난 뒤 나치에 협력한 혐의로 하이데거가 궁지에 몰리자 팔을 걷고 나섰다. 처음엔 옛 애인이자 스승이었던 그를 혹독하게 비난했지만, 재회한 직후부터 그를 옹호하는 입장으로 돌아선 것이었다. 그 덕분에 하이데거는 복권할 수 있었다.

한나의 하이데거에 대한 마음에는 잃어버린 아버지에 대한 애정이 투영되어 있었을 것이다. 그러나 스스로를 위험에 빠뜨리면서까지 그를 위해 온힘을 다한 것은 데려온 아이 특유의 의지할 데 없는 마음에서 비롯된 것이었을 것이다.

자라면서 달라지는 쌍둥이들

쌍둥이는 일란성인가 이란성인가에 상관없이 보통의 형제와는 차원이 다른 유대관계를 자랑한다. 특히 어린 시절에는 서로를 경쟁상대라기보다 자신의 분신처럼 여기기도 한다. 일부러 역할을 바꿔서 타인들을 혼란스럽게 하면서 재미있어하는 일도 드물지 않다. 다른 형제자매 간에 일어나기 쉬운 다툼이나 대립도 별로 없다. 특히 일란성 쌍둥이의 궁합은 완벽에 가깝다.

그들의 차이는 성장 과정에서 조금씩 두드러지기 시작한다. 타인에게는 둘의 차이가 공통점에 가려져 잘 보이지 않지만, 함께 생활하는 가족들은 그 차이를 금세 알아챌 수 있다.

둘의 관계나 역할도 변화하여 대개는 한쪽이 주도권을 갖고 다른 한쪽은 수동적인 경향을 보이게 된다. 그것이 성격의 차이를 만들어간다. 주도권을 가진 쪽은 활발하고 수다도 잘 떨고 자기주장이 강한 성향을 보이고, 다른 쪽은 소극적이며 상대의 뜻에 맞추길 좋아하고 말수도 적은 성향을 보인다.

쌍둥이는 따로따로 자라면 놀라우리만치 비슷한 성격이 되지만, 함께 성장하면 대조적인 성격이 되는 일도 드물지 않다. 두 사람 사이에 분담된 역할 때문이다.

5장

어째서 우리는 떨어질 수 없을까?

브라더 콤플렉스와 시스터 콤플렉스

오빠와 누나,
동생에 대한 병적인 집착

형제자매의 존재는 때때로 우리의 마음 속을 지배한다. 특히 상대가 이성(異性)인 경우, 여기에 성적인 동경이 더해져 그 지배력은 더욱 커진다. 그리고 부모 이상의 절대적인 영향력으로 삶 전체를 옭아매기도 한다.

이 같은 무의식적인 속박을 일컬어 '브라더 콤플렉스' 혹은 '시스터 콤플렉스'라 한다. 브라더 콤플렉스는 통상 여동생이 오빠에게, 혹은 누나가 남동생에게 품는 감정적 속박이다. 또 시스터 콤플렉스는 동생이 누나에게, 혹은 오빠가 여동생에 대해 품는 감정적 속박이다.

성애적인 요소도 섞인 이 같은 동경심은 우리 스스로는 잘 의식하지 못한다. 근친상간이라는 금기, 영원히 이룰 수 없는 사랑이라는 생각이 그런 동경심을 억압하기 때문이다. 그러나 무의식의 세계에는 금기가 없다. 그렇기에 무의식 속으로 숨어든 마음은 은연중에 우리의 행동과 연애관계를 좌우한다.

표면적으로 완전히 억압되어 있기에 오빠나 누나, 동생에 대한 성적 욕망을 자각하지 못하는 것은 자연스러운 현상이다. 오히려 그런 얘기를 하면 전혀 터무니없다는 식으로 반응하는 사람도 많다. 그러나 이 같은 강한 부인은 오히려 봉인된 욕망의 존재를 나타낸다. 주변에 생판 남으로 살고 있는 같은 또래의 이성이 있다면 그 사람에 대해서도 그렇게 무관심할 수 있을까? 만일 이성인 형제자매에게 별다른 감정이 느껴지지 않는다면 사회적인 규준이 심리를 억압하고 있기 때문이라고 생각할 수 있다. 실제로 많은 사람들은 오빠나 누나, 동생과 공통점이 많은 이성을 연인이나 배우자로 택한다.

브라더 콤플렉스를 가진 여동생은 오빠에게 애인이나 결혼 상대가 생기면 때때로 울적해지거나 불안정해진다. 그런가 하면 그 여자를 질투하는 동시에 오빠의 사랑을 얻어낸 존재로 이상화하는 이중적인 감정을 품기도 한다.

그리고 대개는 다른 여자와 행복해하는 오빠의 모습을 보면서 고통스러워한다. 오빠에 대한 집착이 강한 만큼 두 사람과 거리를 두며 마음의 균형을 유지하려고도 한다. 무리하게 친하게 지내려고 하면 해소되지 않은 콤플렉스가 감정적인 갈등을 낳기 쉽기 때문이다.

오빠, 누나, 여동생에 대한 마음이 현실의 존재로는 채워지지 않을 만큼 고귀한 것이 되면 상황은 더 극적으로 변한다. 그 후의 연애나 결혼은 불완전하고 볼품없는 것으로 여겨지고, 그 때문에 평생 동안 결혼도 연애도 하지 않기도 한다.

그런가 하면 통상은 이성 형제에 대해서 품는 이 감정이 때로는 동성 형제를 향하기도 한다. 형, 언니 등에 대한 동경심이 성적 욕망과 뒤섞여 마음을 지배하는 것이다.

미야자키 겐지와 여동생 도시

시인 미야자와 겐지에게는 세 여동생이 있었다. 두 살 아래의 도시와 다섯 살 아래의 시게, 12살 아래의 구니가 그들이었다. 그 중에서도 겐지의 인생에 중요한 의미로 남은 것은 바로 아랫동생인 도시였다. 도시는 겐지 이상으로 성적이 뛰어나 모리오카 중학교에 진학하고 나중엔 일본여자대학에 들어갔다. 차츰 성적이 떨어지고 건강에도 문제가 생겨 결국 대학 진학을 포기한 겐지와

형제자매의 존재는 때때로 우리의 마음을 강하게 지배한다.
특히 상대가 이성인 경우,
여기에 성적인 동경이 더해져 그 지배력은 더욱 커진다.
그리고 부모 이상의 절대적인 영향력으로 삶 전체를 옭아매기도 한다.

는 대조적이었다.

그런데 그 도시가 대학교 3학년이 되던 2월, 병으로 쓰러지고 말았다. 나중에 겐지의 목숨을 빼앗기도 한 폐결핵이었다. 겐지는 어머니와 함께 도쿄로 달려가 3개월 동안 그녀를 간병했다. 그는 퇴원할 때도 그녀를 에스코트하는 등 동생을 돌보는 데 몸을 사리지 않았다.

다행히 도시는 건강을 회복했고, 모교 하나마키 고등여학교의 교사로 일하기 시작했다. 여동생의 상태가 안정된 것을 확인한 겐지는 도쿄를 떠났다. 전당포라는 가업을 이어받고 싶지 않아서였다. 학업에 좌절한 겐지를 구원한 것은 법화경의 가르침과 문학이었다. 그는 앞이 보이지 않는 어둠속에서 그 두 가지를 붙잡고 자신이 나아갈 방향을 모색했다.

그러나 건강을 회복한 것 같았던 도시가 또다시 병상에 눕고 말았다. 겐지는 도쿄를 떠난 몸이어서 본가에 돌아오려고 해도 돌아올 수 없었지만, 그럼에도 여동생이 걱정되었다. 그리고 그녀가 각혈을 했다는 소식에 자신의 뜻을 버리고 본가로 돌아왔다. 겐지는 입신양명의 길을 단념했다. 그리고 히에누키 농학교의 교사가 되기로 타협하고 고향에서의 생활을 시작했다. 그 결단에는 여동생 도시의 병환이 커다란 영향을 미쳤다.

그 후 4년 반에 걸친 히에누키 농학교 생활을 통해 그는 미야자키 문학을 확립했다. 그 4년 반은 동생의 병과 죽음에 맞서는 시간이기도 했다. 그러나 그녀는 겐지가 농학교의 교사로 일하기 시작한 지 1년쯤 되었을 때 세상을 떠났다. 아직 24세였다. 그는 동생의 죽음에 강한 충격을 받고 벽장에 머리를 박으며 통곡했다.

그 후 동생의 죽음을 노래한 「영결의 아침」「소나무 바늘」「무성통곡」 등의 시가 탄생했다. 이후의 작품들 또한 동생에 대한 애가이며, 슬픔을 초월하기 위한 추도의 작업이기도 했다. 「영결의 아침」을 보면 알 수 있듯이 도시는 세상을 떠나는 순간까지 자신보다도 주위 사람들을 걱정했고, 그들에게 도움을 주지 못한 채 떠나는 것을 아쉬워했다. 그런 동생의 마음이 이후 그가 나아갈 인생의 방향을 결정지었다고 할 수 있다.

시나 동화를 쓰는 가운데 그의 슬픔은 서서히 치유되어갔다. 그는 교사로서, 학교를 떠난 뒤에는 농업지도원으로서 가난한 사람들에게 힘이 되고자 했다. 도시의 죽음이 그의 마음속에 자기희생적인 삶의 방식을 싹틔운 것이었다.

하지만 그는 동생에 대한 그리움과 상실감을 지우지 못하고 그녀가 죽은 지 11년 뒤 37세의 젊은 나이에 세상을 떠났다. 그동안 그는 연인도 만들지 않고 아내를 맞이하지도 않았다.

클로델 남매

외양적인 아름다움이나 뛰어난 재능을 지닌 누나는 동생의 뇌리에 이상적인 존재로 각인되곤 한다. 그 후 누나가 행복한 삶을 살면 동생의 동경심은 남몰래 지속되는데, 누나가 불행하고 비참한 모습을 보이면 누나를 향한 마음에 더욱 강하게 이끌리기 쉽다.

작가 폴 클로델에게는 카미유라는 아름답고 재능 많은 누나가 있었다. 독자적인 재능으로 이름을 떨쳤지만 로댕의 연인이 되면서 비명의 인생을 살게 된 미모의 조각가 카미유 클로델이었다.

본래는 카미유에게도 오빠가 있었지만 태어난 지 얼마 지나지 않아 죽고 말았다. 죽은 아이에 대한 미련이 남은 어머니는 다음에 태어난 아이가 여자라는 것을 알고 굉장히 낙담했다. 사실 카미유라는 이름은 남자 이름이기도 하다. 그 이름만 봐도 어머니의 남자 아이에 대한 미련을 알 수 있다.

어머니 자신도 어릴 적에 어머니를 잃고 부모의 애정을 거의 받지 못하며 자라났다. 때문에 기본적으로 자기 아이에게 애정을 주는 데 미숙했다. 그러니 아들이 아닌 딸 카미유에 대한 애정이 부족했던 것은 자연스러운 결과였을 것이다. 더구나 네 살 아래의 남동생 폴이 태어나면서 어머니의 애정은 동생에게 쏠렸다. 카미유의 애정 결핍은 점점 심각해져갔다.

그녀는 이 같은 외로움을 이른 시기부터 예술적인 표현으로 승화하고자 했다. 그리고 12~13세 무렵부터 조각에 비범한 재능을 보였다. 예술적 감성을 공유했던 누나 카미유와 동생 폴은 마음이 잘 맞았고, 폴은 아름답고 재능이 풍부한 누나를 숭배했다.

한편 어머니는 매우 상식적이고 예술에 전혀 이해가 없는 여성이어서 딸이 조각을 하는 것도 아들이 시를 쓰는 것도 그다지 달갑지 않게 여겼다. 두 남매는 그에 대항해 공동전선을 펴는 형태로 한층 깊은 유대를 맺었다.

어머니는 그들에게 애정을 주는 대신 그 애정을 평범하고 소심한 차녀 루이즈에게 쏟아 부었다. 루이즈에게서 고생만 하며 자라온 자신의 모습을 보았기 때문이다.

이후 학교에서 우수한 성적을 거둔 폴은 엘리트 코스를 걸어 외교관이 되었다. 게다가 본업을 겸해 시인이나 작가로도 왕성한 작품 활동을 펼치며 프랑스에서뿐 아니라 세계적으로도 명성을 얻었다.

그런 폴도 진심으로 숭배하고 사랑했던 누나가 비참히 무너지는 것을 보았을 때는 괴롭기가 이를 데 없었다.

마사오카 시키와 여동생 리츠

남성의 경우에는 누나에게도 여동생에게도 강한 동경심을 가지게 되지만, 여성의 경우에는 남동생보다 오빠를 향한 감정이 압도적으로 크다.

현대 하이쿠의 아버지로 칭송받는 마사오카 시키에게는 세 살 차이 나는 여동생 리츠가 있었고, 술고래였던 아버지는 그가 네 살일 때 세상을 떠났다.

동생은 병약하고 기가 약한 오빠와 대조적으로 승부욕이 있고 똑 부러진 성격이었다. 오빠를 생각하는 마음도 강해서 괴롭힘 당하는 오빠를 지키려고 돌을 던지며 앙갚음을 한 적도 있었다.

훗날 그가 공부를 위해 도쿄로 상경하자 곧 동생에게 혼담이 들어왔다. 상대는 육군 군인이었다. 그러나 두 사람은 2년 만에 이별했다. 그녀는 스무 살이 되기 전에 마츠야마 중학교의 교사와 결혼했지만, 그 결혼도 오래가지 않았다.

시키는 화풀이 삼아 동생에 대한 험담을 쓴 적이 있었다. 화를 잘 내고 완고하며 융통성이 없고 사교적이지 않아 사람들에게 무언가 묻는 것조차 제대로 못 한다는 얘기였다. 물론 험담이니 액면 그대로 받아들이긴 힘들다 하더라도, 동생의 결혼이 제대로 유지되지 못한 데는 사교적이지 못하고 완고한 성격도 한몫했을 것이다.

오빠가 폐결핵에 걸리고, 이후 결핵균이 척추에 침범하여 결핵성 척추염으로 병이 커져 병상에 누워 지내게 되었을 때, 동생은 어머니와 함께 오빠를 간병했다. 그의 투병생활은 7년이나 이어졌고 그중 누워 지낸 세월만도 5년에 달했다.

제멋대로에 달변인 데다 병상에서 극심한 통증과 싸우는 오빠를 간병하는 일은 상당한 인내를 필요로 했을 것이다. 결국 오빠가 35세의 짧은 생애를 마감했을 때 동생은 32세가 되어 있었다. 그녀는 말년의 오빠를 간병하며 기록했던 글을 오빠의 기억과 함께 고이 간직했다.

형제자매에 대한 동경심은 그 사람을 속박하는 환상이기도 하다. 정신적 자립을 위해서는 이를 극복해야 하지만, 환상이 너무 커지면 극복은 결코 쉽지 않다. 프리드리히 니체와 그 여동생 또한 이를 극복하려고 했지만 결국 극복하지 못하고 말았다.

니체와 여동생 엘리자베트

철학자 프리드리히 니체에게는 엘리자베트라는 여동생이 있었다. 엘리자베트에게 오빠는 영웅이자 동경의 대상이었다. 무엇보다 오빠는 명문학교 프포르타에 수업료 면제라는 특전을 받고 입학이 허가된 수재였다. 게다가 성적도 수석에 시도 쓰고 작곡까지 했다. 교사들도 그를 천재로 인정했다.

엘리자베트도 오빠만큼은 아니지만 총명하고 공부도 잘했다. 오빠에게는 없는 쾌활하고 밝은 성격도 갖추고 있었다. 고집이 세서 결코 주장을 굽히지 않는 면도 있었다. 그녀는 늘 자신이 옳다고 주장하며 그 근거로 말끝에 이렇게 덧붙였다. "오빠가 그렇게 말했는걸." 그녀에게 오빠는 그만큼 절대적인 존재였다.

오빠는 실제로 화려한 활동을 펼치며 24세의 젊은 나이에 대학교수에 발탁되는 이례적인 출세도 이뤄냈다. 그런 오빠의 활약을 엘리자베트는 자기 일보다 더 자랑스럽게 생각했다.

그녀는 오빠를 평생 마음으로부터 존경하고 사랑했다. 오빠가 쓴 글은 아무리 단편적인 것이라도 전부 수집했다. 오빠의 명예를 지키는 일에 너무도 열심인 나머지 자신이 부적절하다고 판단한 원고를 검열하는 터무니없는 일도 벌였지만, 니체가 세상을 떠난 후에도 방대한 원고가 소실되지 않고 후대에 남겨질 수 있었던 것은 그녀의 노력 덕분이었다.

그녀는 오빠와 편지를 주고받으며 상담하기도 했다. 오빠가 쓴 것은 전부 꼼꼼히 훑어보고 오빠의 난해한 말이나 사상도 잘 이해했다. 니체도 다른 사람에게는 말하지 않는 것도 동생에게만큼은 허심탄회하게 털어놓았다.

프포르타의 마지막 학년이던 니체는 신부학교에 다니던 엘리자베트에게 피아노를 잘 치는 아름다운 여성에게 마음을 빼앗겼다는 사실을 털어놓았다. 그리고 그 여성과 연주하고 싶으니 악보를 보내줄 것을 부탁했다.

그러나 동생은 동요하는 마음을 감춘 채 니체에게 학업 외의 일로 마음을 흐트러뜨리지 말라고 충고하고 부탁받은 악보를 보내지 않았다. 오빠도 그녀의 충고를 받아들이겠다는 답신을 보내 여동생을 안심시켰다.

그 후에도 오빠가 다른 여자를 사랑할 때마다 동생은 질투 때문에 제정신이 아니었다. 루 살로메와의 연애 소식을 들었을 때도 그랬다. 여동생은 오빠에게 다가오는 여성을 까닭 없이 미워했다.

그녀는 고집이 좀 세긴 했지만 많은 장점을 가진 매력적인 여성이었다. 그런데도 좀처럼 결혼 상대를 찾지 못했다. 심지어 멋진 구혼자가 여럿 나타났을 때도 모두 거절했다. 22세 때, 그녀는 니체에게 노처녀로 살겠다는 결심을 털어놓으며 이렇게 썼다. '내가 노인이 되어도 여전히 나를 사랑해주길 바란다'고.

그러나 그녀의 인생은 결심대로 되지 않았다. 오빠의 옹호자이자 가정부로 오빠와 함께 살았던 적도 있지만, 세상은 그런 남매를 신기한 눈으로 바라봤다. 더욱이 두 사람 모두 처세술에 능한 인품이 아니었던 탓에 결국 엘리자베트는 오빠의 인생에서 물러날 수밖에 없었다.

그때 등장한 것이 니체의 친구 베른하르트 푀르스터였다. 오빠와 나이도 같고, 논리적으로 따지기를 좋아하며 바그너를 숭배하는 점도 왠지 오빠와 비슷했다. 그는 고등학교 교사였지만 반유태주의자로서 〈국민교육〉이라는 논문도 썼다. 하지만 이미 바그너와 결별하고 국민이라는 틀을 초월한 오빠와 나아가는 방향은 크게 달랐다.

그래도 그녀는 푀르스터에게 차츰 빠져들었다. 푀르스터가 남미 파라과이에서 새로운 조국의 건설을 이룰 계획을 털어놨을 때, 엘리자베트는 그의 아내가 되어 그 계획에 함께하겠다고 결의했다. 두 사람이 결혼했을 때 그녀는 39세가 되어 있었다.

니체는 동생의 결의를 알고 축복하기보다 격렬히 분노했다. 친구라고 생각했던 바그너와도 결별해서 힘들어하고 있는 마당에 믿고 있던 동생까지 자기 곁을 떠났다고 생각했던 것이다.

게다가 동생 부부의 활약은 전 국민의 주목을 받았다. 니체는 그 일이 고통스러웠지만, 동생이 파라과이로 떠나기 직전 그녀를 만나자 그런 마음도 누그러졌다. 함께 파라과이로 이주하자는 그녀의 권유를 받고 조금 마음이 흔들리기도 했다. 하지만 결국 날 씨가 맞지 않는다는 이유로 거절했다.

그러나 그 만남이 그녀로서는 제정신인 오빠를 보는 마지막 날이 되었다. 기세 좋게 추진했던 파라과이에서의 계획은 계약 미비로 인해 차츰 궁지에 몰렸다. 엎친 데 덮친 격으로 그녀에게 오빠가 정신착란을 일으켜 정신병원에 입원했다는 소식이 날아들었다.

그녀는 곧 본국으로 돌아와 오빠를 간병했다. 애초에 푀르스터를 따른 것이 잘못이었다는 생각이었다. 오빠를 택했다면, 오빠의 곁에 남아 있었다면 이런 일은 없었을 것이다. 그녀와 푀르스터 사이는 급격히 냉랭해졌다. 경제적으로 어려워진 푀르스터는 출장지에서 의문의 죽음을 당했다.

남편의 부고를 들었을 때 엘리자베트는 깊은 슬픔에 사로잡혔지만 곧 남편과 오빠의 명예를 지키기로 결심했다. 그것이 그녀의 남은 인생의 과업이 되었다.

형제자매의 죽음이 바꿔놓은 인생들

서로의 마음에 열등감이나 동경심을 불어넣는 것은 대체로 함께 살아가는 형제자매지만, 때로는 이미 세상을 떠난 형제자매가 마음속에 커다란 존재감으로 남아 인생에 결정적인 영향을 미치기도 한다.

카미유 클로델도 그녀가 태어났을 때 이미 죽어 있던 오빠가 그녀의 인생에 영향을 미쳤다고 할 수 있다. 세상을 떠난 형제의 위협을 받으며 성장한 또 다른 예로는 화가 살바도르 달리를 꼽을 수 있다.

살바도르 달리에게는 같은 이름의 살바도르 달리라는 형이 있었다. 형이 죽은 뒤 그 대역으로 태어난 것이 훗날 초현실주의 화가로 세계적인 명성을 얻은 살바도르 달리다. 그러나 부모에게 달리는 죽은 아들이 살아 돌아온 것에 지나지 않았다. 죽은 아들을 잊을 수 없던 부모는 환생한 아이가 태어나도 그리 만족하지 못하고 달리에게 죽은 형이 얼마나 훌륭한 아이였는지만 늘어놓았다.

부모가 매주 그를 데리고 갔던 묘지에는 그의 이름과 같은 이름이 새겨진 묘비가 있었다. 달리는 부모의 시선이 자신이 아닌 이미 죽은 형에게로 향하는 것임을 알고 있었다. 달리는 이미 죽은 존재가 아닌 지금의 자신을 봐달라고 소리쳤다. 이런 상황은 그를 비뚤어진 자기과시의 길로 이끌었다. 그는 형이라는 망령에 뒤처지지 않기 위해 늘 자신이 진짜 살바도르 달리라고 주장해야 했다.

심리학자 가와이 하야오도 자서전을 통해 그가 다섯 살 때 죽은 동생에 대해 이야기한 바 있다. 죽은 동생에 대한 어머니의 슬픔과 후회는 깊어 불경만 읽었다고 한다. 그리고 무슨 일이 있을 때마다 죽은 동생이 얼마나 훌륭했는지 이야기했다고 한다.

가와이가 훗날 임상심리학에 종사하게 된 데는 동생의 죽음이 크게 관여했다. 그에게도 동생의 망령으로부터 자신을 구해내고 진정한 자아를 확립하기 위해 무의식의 속박과 격투를 벌일 필요가 있었을 것이다.

언니의 망령에 위협당한 여동생

초등학교 2학년인 언니가 교통사고로 죽은 것은 기미코 씨가 네 살 되던 해의 일이었다. 마음도 착하고 머리도 좋은 언니는 부모의 자랑스러운 딸이었다. 부모는 너무 큰 충격으로 잃어버린 딸에 대한 그리움을 내내 끌어안고 있었다. 기미코 씨가 무엇을 해도 그들은 '언니가 있었다면' '언니였다면' 하고 한숨만 내쉬었다. 그때마다 기미코 씨는 자신이 언니보다 못하다는 열등감에 사로잡혔고, 죽은 것이 언니가 아니라 자신이어야 하지 않았을까 하는 생각까지 하게 되었다.

기미코 씨는 그 후 오래도록 자신이라는 존재에 죄의식을 가지고 자신을 부정했다. 공부도 집안일도 완벽에 가깝게 해내도록 노력했다. 그렇게 함으로써 자신은 살아 있어서 다행이라는 말을 듣고 싶어서였다. 그러나 아무리 애를 써도 뇌리에 각인된 죄의식은 쉽사리 지워지지 않았다.

그 후 기미코 씨는 수십 년에 걸쳐 만성적인 우울증으로 고통받았다. 그녀는 카운슬링을 통해 죄의식의 뿌리에 자리 잡고 있던 사건과 마주함으로써 근거 없는 죄의식에서 벗어날 수 있었다. 그 죄의식은 결코 자기 탓이 아니며, 부모가 죽은 딸에 대한 마음을 극복하지 못한 탓이라는 것을 분명히 이해했기 때문이다.

형제자매의 이른 죽음을 맞이하면 살아남은 자신에게 책임이 있는 것처럼 느껴지기 쉽다. 주위 사람들이 기미코 씨의 부모처럼 행동하면 '원래는 내가 죽었어야 옳은 게 아니었을까' 하는 죄책감마저 든다. 그러면 자기 앞에 펼쳐진 미래의 가능성마저 잃어버리는 수가 있다. 그러나 다음 사례처럼 때에 따라서는 먼저 세상을 떠난 형제자매의 대타로서 그 뒤를 이으려는 적극적인 마음을 먹을 수도 있다.

운명을 바꾼 형제의 죽음

도쿄급행전철의 사실상의 창업자 고토 게이타에게는 두 아들이 있었다. 그는 지방의 농가에서 출세하여 고학으로 대학을 나와 정부 부처를 거쳐 철도원으로 일했다. 그의 장래성을 눈여겨본 고토 일가가 그를 데릴사위로 들인 뒤, 그는 철도원 일을 그만두고 작은 전철회사를 설립하여 크게 발전시켰다.

그는 사업가로서는 발군이었으나, 아버지로서는 실격이었다. 일 때문에 거의 집에 들어가지 않는 데다 애인도 여러 명이나 있었다. 한번은 아침에 등교하는 아들과 집에 들어오는 아버지가 서로 마주친 적도 있었다. 장남 노보루는 그런 아버지에게 반발하며 아버지의 회사 같은 건 물려받지 않겠다고 공언했다. 실제로 노보루는 훗날 도쿄급행전철이 아닌 도시바에 입사했다.

한편 동생 스스무는 형을 존경하고 형이 갔던 길을 그대로 따라갔지만, 아버지에게 반항 한 번 하지 못하고 얌전히 아버지의 회사를 물려받으려 했다. 그래서 아버지도 형도 그가 회사를 물려받을 거라고만 생각하고 있었다.

그런데 예상은 빗나가고 말았다. 스스무는 라바울 근처의 부카섬에서 전사하고 말았다. 노보루도 출정했지만 내지 근무만 배정받았고 전선에 보내지지는 않았다.

아버지에 대한 반발심이 사라진 것은 아니었지만, 노보루는 스스로 도시바를 퇴사하고 도쿄급행전철에 들어가겠다고 청했다.

아버지는 일에 의욕이 있는지조차 분간되지 않을 만큼 골프에 빠져 하루 종일 골프장에서 시간을 보낼 때가 많았다. 그러나 아버지가 세상을 떠나자 뒤를 이어 회장이 된 노보루는 갑자기 아버지에 뒤지지 않는 놀라운 수완을 떨치기 시작했다.

사람이 활약하기 위해서는 활약할 장소가 필요하다. 그런데 때로는 다른 형제자매나 아버지가 그럴 여지를 막기도 한다. 그러다가도 다시 숨통이 트이면 마치 다른 사람이 된 것처럼 폭발적인 활약을 하게 되는 일도 드물지 않다.

존 F. 케네디도 비슷한 경우였다. 그의 형인 장남 에드거는 지성과 인격이 모두 뛰어났기 때문에, 주위 사람들은 모두 차남 존이 아니라 장남 에드거가 정치가가 될 것이라고 생각했다. 실제로 에드거에 비하면 존의 능력은 평범한 수준이었다. 주위에서 그다지 기대를 걸 만한 정도가 아니었다. 시간이 아무 일 없이 순탄하게 흘러갔다면 존은 정치와 상관없는, 지극히 평온한 인생을 살아갔을지도 모른다. 그런데 생각지도 못한 일이 일어났다. 장남 에드거가 세상을 떠난 것이었다. 그러자 그때까지 햇빛을 받지 못했던 차남 존에게 갑자기 기대가 쏠렸다. 그에 부응하듯 존도 완전히 다른 사람으로 변신했다.

구로사와 아키라와 형 헤이고

영화감독 구로사와 아키라는 8형제 중 막내였다. 그의 바로 위에는 네 살 차이가 나는 형 헤이고가 있었다. 헤이고는 머리도 좋고 성적도 아키라보다 뛰어났다. 초등학교 6학년 때 학력시험에서 도쿄 최고 성적을 받을 정도였다. 동생 아키라에게 헤이고는 경쟁상대를 넘어 존경의 대상이었다. 형은 가족에게 영웅과 같은 존재였다. 아버지를 비롯한 가족들이 거는 기대도 컸다.

그런데 그 기대감이 부작용을 낳았는지 헤이고는 당시 가장 어려운 부립 일중(一中)의 입시에 실패하고 말았다. 군인이었던 아버지는 낙담하여 그를 육군사관학교에 진학시키려는 목적으로 강제로 세이조 중학교에 입학시켰다. 당시 세이조 중학교는 육군사관학교를 지망하는 학생들의 예비문이었기 때문이다.

하지만 예술이나 자유를 사랑하는 헤이고는 그곳의 교풍에 적응하지 못하고 학업에 소홀해졌다. 게다가 시종 장래 진로를 둘러싸고 아버지와 다투고 싸우기를 반복했다. 그때까지 집안의 기대를 한 몸에 받았던 형은 완전히 다른 사람이 되었다. 그는 무슨 일이든 쉽게 포기했고, 영화와 외국문학에 빠져들었다. 아키라 또한 학업이 인생의 전부가 아니라는 사실을 알고 영화와 문학에 눈을 떴다.

아버지도 당시 군인 치고는 새로운 문물에 눈을 뜬 사람이었기에 외국영화를 보는 것을 장려했다. 그러나 학업을 게을리하는 것은 다른 문제였다. 아버지는 불쾌함을 표했지만 헤이고는 끝내 집을 뛰쳐나와 활동변사가 되었다. 그는 자기 재능을 살려 스물이라는 나이에 당시 외국영화의 성지로 추앙받던 영화관 '시네마 팰리스'의 주임변사 자리에 올랐다.

아버지는 형에게 걸었던 기대만큼 형에 대해 비난도 심하게 했다. 그러나 별 능력도 없어 보였던 아키라에게만은 온화했다. 어쩌면 형에 대한 훈육에 실패했던 경험 때문일지도 몰랐다. 아버지는 아키라가 하고 싶어 하는 것은 무엇이든 시켜주었다. 중학교를 졸업하고 장래 진로를 결정할 때도 아키라가 '화가가 되고 싶다'고 말하자 그도 특별히 반대하지 않고 '화가가 되기 위해서는 미술학교에 들어가야 한다'고만 대답했다. 아키라는 미술학교의 입학시험을 치렀지만 낙방하여 미술학원에 다녔다. 니카텐이라는 전람회에도 입선했지만 차츰 그림에 대한 정열은 식어갔다.

그는 한때 힘을 보탰던 프롤레타리아 운동에도 한계를 느끼고 손을 뗀 뒤 형 헤이고의 집으로 들어갔다. 그러나 형도 어려운 상황에 빠져 있었다. 무성영화 시대가 막을 내리면서 활동변사들이 정리의 대상이 되었다. 파업이 일어났지만 투쟁위원장을 맡았던 형은 노사 양쪽에 끼어 궁지에 몰려 있었다. 그런 형의 신세를 지는 것도 내키지 않아 결국 그는 본가로 돌아왔다.

그로부터 얼마 지나지 않아 형의 동반자살이 이어졌다. 이즈유가시마의 온천여관 방에서 여자와 함께 대량의 수면제를 삼킨 것이다. 아키라는 형의 유골을 받으러 갔다. 향년 27세. 본보기로 생각하며 존경해왔던 형의 무참한 죽음이었다.

그에게는 말할 수 없이 슬픈 일이었지만, 그는 이 사건을 계기로 정신적인 자립을 이룰 수 있었다. 아픔을 딛고 일어선 뒤로 그의 운명은 크게 뒤바뀌었다.

6장

다시 화해할 수 있다!

상처 극복과 관계 회복의 비법

마음속의 상처를 마주하는 것이 먼저다

형제자매 간의 갈등에는 크게 세 가지 원인이 있다. 첫째, 다른 형제자매에 비해 부모에게 사랑받지 못했기 때문이다. 이는 인정받지 못했다는 불행감이며 부모의 불공평한 태도에 대한 분노다. 또 자신이 받았어야 마땅한 관심과 애정을 빼앗아간 형제에 대한 질투이기도 하다. 편애와 불공평한 대우를 해온 부모가 가장 미워질 만도 하지만, 때때로 아이는 부모에 대한 미움을 회피하려고 한다.

둘째, 마음속에 이상적인 존재로 각인된 형제자매에게 얽매이기 때문이다. 뛰어넘기 어려울 만큼 훌륭한 형이나 누나, 언니나 오빠의 그늘을 벗어나지 못하는 경우도 있고, 그를 향한 강한 동경심이 현실의 생활을 빛바랜 것으로 만드는 경우도 있다.

셋째, 자신이 애착을 쏟아온 존재에게 배신당하고 버려졌다는 생각 때문이다. 오랫동안 부모처럼 자신을 보살펴온 존재, 또는 늘 함께 놀며 친밀하게 지내온 존재에게서 거절을 당하면 마음 의지할 곳을 빼앗겼다는 생각에 커다란 충격을 받게 된다. 그들이 어색한 반응을 보이거나 부당한 요구를 하는 경우에도 마찬가지다. 그 결과 대인관계 전반을 지지하는 애착이라는 토대가 타격을 받고, 결국 인간을 불신하게 되거나 이유 없이 비관적인 기분에 사로잡힌다.

이 세 가지는 때때로 얽히고설켜 심리적인 복합체를 만든다. 이런 심리적 복합체는 형제자매와의 관계뿐 아니라 대인관계 전반이나 살아가는 방식, 인간에 대한 신뢰에까지 지대한 영향을 미친다. 이러한 사실을 외면하면 자신도 모르는 사이에 부정적인 행동을 하거나 부정적인 사고에 빠지기 쉽다. 그러므로 자신의 마음속에 무엇이 자리하고 있는지 자각하고 부정적인 마음을 극복하는 것이 중요하다.

물론 자기 안에 커다란 마음의 짐이 있다면 그것을 직시하고 싶지 않은 것이 인지상정이다. 불쾌하고 고통스러운 감정을 파헤쳐봐야 소용없다며 조용히 덮어두고 지내려 한다. 할 수만 있다

형제자매 사이가 나쁘면 부모와의 관계도 나쁜 경우가 많다.
그러나 형제자매와의 관계를 개선하면 부모와의 관계도 좋아질 수 있다.
뒤틀린 관계를 회복하는 일은 결코 쉽지 않다. 그렇다고 불가능한 것도 아니다.
이때 가장 중요한 열쇠는 애착과 자기애다.

면 더 늦기 전에 관계를 회복하고 싶은 마음도 몰래 가지고 있을 것이다. 그러나 그대로는 아무리 시간이 흘러도 부정적인 무의식의 지배를 피할 수 없다. 근거 없는 자기부정이나 타인에 대한 불신, 자신에게 중요한 사람들에 대한 분노가 쌓여 인생에 대한 무책임한 관점이 생긴다. 그리고 자신도 모르는 사이에 스스로의 인생을 좀먹는다. 형제자매와의 관계가 이미 험악해지거나 서로간의 애정이 식어버렸다면 더욱 문제다. 신경 쓰지 않으려고 애를 써도 마음 한구석에는 계속 그 문제가 신경 쓰이는 짐으로 남아 있을 것이다.

그렇기에 자신의 속마음과 마주하며 짐을 정리하는 과정을 거치는 것이 중요하다. 그러다 보면 자신이 빠져 있던 마음의 함정을 깨닫고, 무엇에 마음이 얽매여왔는지 알 수 있다. 그러면 지금까지 자신의 인생을 좀먹어온 부정적인 행동이나 사고방식도 힘을 잃는다.

그 첫 단계는 특정한 형제자매에 대한 부정적 감정이 어디서 유래했는지를 좀 더 넓은 시각으로 바라보며 객관적인 시야를 갖는 일이다. 그러다 보면 모든 일이 그의 잘못이 아니며, 그 형제자매 또한 의도치 않게 상황에 휩쓸린 것이었다는 사실을 알게 된다. 실제로 대부분의 원인은 부모의 불공평한 대우와 편애에 있다.

부정적인 감정과 반대로 형제자매 중 누군가를 지나치게 이상화하여 그 이미지에 지배당해온 경우도 마찬가지다. 이때도 그 원인을 객관적으로 바라보면 자신이 존경하고 사랑해왔던 형제자매의 존재가 얼마나 자신을 속박해왔는지 알 수 있다. 거기에는 부모의 개입이 적잖은 영향을 미쳐왔다는 사실을 깨달을 수도 있다. 물론 이 같은 동경심이 긍정적인 방향으로 작용한 면도 있었을 것이다. 하지만 그런 경우라도 계속해서 거기에 얽매임으로써 스스로를 상처 입히거나 희생할 필요는 없다.

형제자매 사이가 나쁘면 부모와의 관계 역시 나쁜 경우가 많다. 그러나 형제자매와의 관계를 개선하면 부모와의 관계도 좋아질 수 있다. 물론 뒤틀린 관계를 회복하는 일은 결코 쉽지 않다. 그렇다고 불가능한 것도 아니다. 이때 가장 중요한 열쇠는 애착과 자기애다. 모든 인간에게는 타인을 이물질로 간주하고 공격·배제하는 시스템과 함께 이를 억제함으로써 불필요한 공격·배제를 방지하며 타인과의 공존을 가능케 하는 시스템이 존재한다. 그렇지 않다면 사람들은 서로를 받아들여 가족을 꾸려나갈 수도 없을뿐더러, 무의미한 다툼만 계속할 것이다. 사회적 동물인 인간에게는 불필요한 배제와 공격을 방지하는 시스템이 갖춰져 있다. 그리고 그 중심에는 애착이라는 감정이 있다.

반면 자기애는 애착과 비슷한 효과를 내기도 하지만, 때에 따라 타인을 이물질로 간주하기도 하는 양날의 검과 같은 감정이다. 또한 상처 입은 자기애는 관계 회복에 가장 큰 걸림돌이 되기도 한다. 따라서 형제 사이의 불화나 갈등을 해소하고 싶다면 이 점에 주의하는 것이 좋다.

사람은 누구나 마음의 안식처를 갈구한다

애착은 철이 들기 전에 형성되는 아이와 양육자 사이의 유대감이다. 단단한 애착으로 맺어진 존재는 아이에게 든든한 마음의 안식처가 된다. 그리고 아이는 위험을 감지하고 불안감을 가질 때마다 그 존재에게 의지함으로써 안전을 확보하려고 한다.

이러한 애착은 늘 어루만져지며 보살핌을 받는 과정에서 형성된다. 아이는 어릴 적부터 자주 자신을 어루만지고 보살펴준 존재를 마음을 허락해도 되는 존재로 여긴다. 그럼으로써 그 존재와의 유대감이 형성되는 것이다. 그러한 존재가 될 수 있는 것은 비단 부모만이 아니다. 어린 시절부터 곁에서 자신을 보살펴주었던 형제자매도 애착의 대상이 될 수 있다.

예컨대 형이나 언니가 오랫동안 부모를 대신하여 동생을 돌보는 경우, 둘 사이에는 부모 자식과 같은 특별한 관계가 형성된다. 동생은 마치 부모에게 응석을 부리듯 언니나 형에게 응석을 부리고, 곤란한 일이 생기면 달려가 도움을 청한다. 이러한 일은 자녀가 많은 것이 보통이었던 옛 시절에는 드물지 않았다. 오히려 부모보다 나이 많은 형제에게 더 애착을 느끼며 의존하는 일도 많았다.

부모든 형제자매든 의지할 곳이 확실한 사람은 마치 수호신을 가진 듯 주뼛거리지 않고 마음먹은 대로 행동할 수 있다. 그러다 갑자기 그런 존재가 사라지거나 돌변하면 공황 상태에 빠지고 만다. 때로는 자포자기하는 마음에 자기파괴적인 행동을 보이기도 한다.

일반적인 인간관계에서도 마찬가지다. 사람은 끊임없이 상대가 안전하게 의지할 수 있는 존재인지 아닌지를 가늠한다. 삶의 행복은 안심하고 의지할 수 있는 가족이나 파트너, 친구를 얻을 수 있는지에 크게 좌우되기 때문이다.

우리는 상대가 안심하고 의지할 존재가 아니라고 판단하면 마음을 열지 않거나 친밀한 관계를 쌓지 않으려 한다. 때로는 육체관계나 이해관계로 맺어진 상대가 알고 보니 안전하게 의지할 만한 존재가 아닌 불행한 일도 벌어지곤 한다. 그러면 관계를 끊기도 어렵지만, 그렇다고 계속 관계를 유지하려니 상처만 받을 것 같은 딜레마에 빠지기 쉽다.

그중에서도 가장 가까이에서 함께 자라며 서로에게서 많은 것을 배우는 존재인 형제자매는 가장 강한 유대감으로 맺어진 존재다. 애초에는 배우자나 친구보다 그들에게 더 강한 애착을 가졌었던 것이다. 그렇기에 형제자매와의 관계가 좋으면 삶의 안정과 풍요로움을 얻을 수 있으며, 그로부터 적지 않은 위안과 즐거움을 얻을 수 있다.

그러나 형제자매는 점차 자라나면서 그와 반대의 역할로 변하기도 한다. 특히 나이가 비슷할 경우엔 심한 경쟁의식을 느끼기도 한다. 부모의 불공정한 양육과 편애, 간섭으로 인해 가장 신뢰할 수 있는 존재가 되어야 할 그들이 증오의 대상이 되어버리는 것이다. 거기에 결혼 상대나 배우자가 얽혀들면 문제는 더욱 심각해진다.

관계 회복에도 타이밍이 중요하다

언쟁을 벌이고 사이가 틀어져 완전히 소원해진 형제자매들도 오랜 세월이 흐른 뒤에는 서로 화해할 수 있다. 오랜 시간 반목해온 부모와 자식, 혹은 친구들이 결국 화해하는 것과 같은 이치다.

그럴 수 있는 것은 서로의 마음에 애착이라는 끈이 존재하기 때문이다. 특히 어린 시절에 형성된 애착은 그 후 어떤 곡절을 겪어도 사라지지 않고 남아 있게 된다. 아무리 무관심하려고 해도, 아무리 격렬히 다투고 싸워도 서로를 그리워하며 관계를 회복하고 싶다는 생각은 늘 마음 밑바닥에 잠들어 있게 마련이다.

그런 소망은 지금 당장 일어나는 감정의 소용돌이에 가려져 자각하기가 쉽지 않은 것이 사실이다. 그러나 어떤 계기로 인해 다시 서로 간의 친밀함이나 소중함을 느끼면 멀어지고 틀어졌던 관계도 충분히 회복할 수 있다.

이때 중요한 것은 타이밍이다. 애착을 느끼는 존재에게 의존하려는 마음이 강해지는 것은 위험이 임박하여 불안이 고조되었을 때다. 그런 상황에서 우리는 애착을 느끼는 대상에게 도움을 구하려고 한다. 그럴 때 상대에게서 친절한 반응이 돌아오면 이미 사라져버린 것 같은 애착도 급속히 되살아날 수 있다.

상대와 심하게 싸우고 인연을 끊었다 해도 마찬가지다. 궁지에 몰려 약해져 있을 때나 완전히 고독해져 있을 때, 우리는 그 사람에게 도움을 얻고 싶어 한다. 때로는 사이가 틀어져 있다는 사실조차 잊고 도움을 청하기도 한다. 그런 심약한 상태에서 상대에게 도움을 받으면 다시 애착이 살아나고, 오랫동안 굳어져 있던 마음속의 응어리가 단숨에 녹아버리기도 한다.

30년 세월을 뛰어넘은 형제의 재결합

나이 차가 많은 동생을 정성껏 보살피던 에이조 씨는 16세에 학업을 단념하고 가업을 물려받았다. 아버지가 사업에 실패하여 큰 빚을 남기고 세상을 떠났기 때문이었다. 그는 가족들을 부양하기 위해 필사적으로 일했다.

학업 성적이 좋았던 동생은 그에게 대학에 보내달라고 애원했다. 그러나 세계대전이 일어나기 전이었던 당시는 서민이 대학에 가기가 쉽지 않은 시대였다. 처자식이 있었던 그에게는 그럴 만한 여유도 없었다. 하지만 그는 학업에 힘써온 동생의 꿈을 저버릴 수 없었기에 '학비라면 내가 어떻게든 해보겠다'며 간청을 받아들였다.

그러나 그것이 화근이었다. 가업으로 벌어들이는 수익으로는 동생의 학비를 조달할 수 없었다. 형 부부는 동생에게 매달 돈을 보내기 위해 밤일까지 해가며 무리를 해야 했다. 결국 어찌어찌 동생을 졸업시키기는 했지만, 그동안 너무 무리를 한 탓에 형의 아내는 폐결핵에 걸리고 말았다.

하지만 그런 얘기를 들으면 동생이 마음 아파할 거라 생각한 그는 자신들의 처지에 대해서는 일언반구하지 않았다. 그저 동생이 학업에 힘쓰는 모습을 기쁜 마음으로 바라볼 뿐이었다.

동생은 대학을 졸업하자 철도성(당시 철도 업무를 담당하던 정부기관)에 들어갔다. 만주철도가 국가의 젖줄로 큰 관심을 모으던 무렵이었다. 동생은 그곳에서 엘리트로서 출셋길을 밟아나갔고, 개전 무렵에는 수많은 고용인을 거느리며 호화저택에서 우아한 생활을 즐기고 있었다.

형은 병든 아내와 다섯 자녀를 두고 힘겹게 생활하고 있었지만, 동생은 고향 따위는 까맣게 잊은 듯 소식조차 끊었다. 형수의 병이 악화되었다는 소식에도 고향에 돌아오는 대신 당시 희귀했던 고급과자를 보내올 뿐이었다. 결국 형의 아내는 전쟁이 끝나고 반년 만에 세상을 떠났다.

전쟁이 끝나고 만주국이 붕괴하자 동생의 삶은 하루아침에 무너졌다. 목숨을 걸고 만주를 빠져나온 사람들 틈에 섞여 동생이 본가로 돌아왔을 때, 그의 아내는 여자라는 사실이 알려지면 강간당하고 살해당한다는 말을 듣고 남자 행세를 하기 위해 얼굴을 먹으로 검게 칠했다.

형은 그런 동생을 여하튼 무사해서 다행이라며 기분 좋게 맞아주었다. 형에겐 종전 직후의 식량난으로 자기 가족이 간신히 먹을 정도의 식량밖에 없었지만, 그래도 작으나마 경작할 토지가 있어 어찌어찌 식량을 조달할 수는 있었다.

형과 살림을 합치고 반년이 지난 어느 날, 동생이 할 얘기가 있다며 형을 불렀다. 재기를 위해 장사를 시작할 생각이니 자신의 상속분으로 되어 있는 재산을 내달라는 것이었다.

형은 어이가 없었다. 분명 동생도 만주에서 쌓았던 재산을 잃고 불안했을 것이다. 그러나 그에게는 학력도 있고 화려한 경력도 있다. 마음만 먹으면 자기 힘으로도 얼마든지 일어설 수 있다. 그러나 형은 더 비참한 상황에 놓여 있었다. 아내도 잃었고, 더욱이 혼자서 다섯 명이나 되는 자녀를 키워야 한다. 의지할 것이라고는 자기 몸 하나와 가업을 위해 필요한 약간의 재산뿐이다. 그것을 팔아서 반을 내놓으라니, 화가 불길처럼 치밀어오를 지경이었다.

에이조 씨는 지금까지 자신이 얼마나 힘들었는지 털어놓았다. 그렇게 하면 동생도 틀림없이 납득해줄 것이라고 생각했기 때문이다. 그러나 동생의 반응은 싸늘했다. "알았어요. 이제 형님한테는 아무것도 안 바라요"라는 말만 남긴 채 자리를 박차고 일어났다. 그리고 며칠 뒤 집을 나가 자기 아내의 친정 근처에 집을 마련했다. 그렇게 둘의 관계는 끊어졌다.

형의 예상대로 동생은 국철에서 일자리를 얻은 뒤 그곳에서 출세하여 요직을 역임했다. 그러는 사이에 30년이라는 세월이 흘러갔다.

둘이 화해한 것은 동생이 아내를 잃으면서였다. 비록 인연은 끊어졌으나 동생은 내내 형을 마음에 두고 있었다. 그는 먼저 형의 딸에게 연락을 했다. 그리고 "치기 어린 마음에 내가 생각해도 심한 말을 했다. 할 수만 있다면 형님을 만나 지난날의 잘못을 사과하고 화해하고 싶다"며 자신의 진솔한 마음을 전했다.

삼촌의 진심에 마음이 움직인 딸은 어떻게든 둘을 만나게 하고 싶었다. 하지만 형의 분노는 여전했다. 동생에 대한 얘기가 조금이라도 나올라치면 언짢은 표정부터 지었다. 동생에게서 받은 상처가 그만큼 깊었던 것이었다.

그래도 수차례 삼촌의 부탁을 받은 딸은 어떻게든 방법을 마련해야겠다 생각하고 조심스레 이야기를 꺼냈다. 하지만 예상대로였다. 형은 불같이 화를 내며 "이제 와서 무슨 사과야!"라고 소리쳤다.

둘의 재회가 실현된 것은 그로부터 1년쯤 뒤의 일이었다. 그날은 하늘도 쾌청했다. 평소처럼 만나자고 말했던 형도 깨끗한 와이셔츠로 갈아입고 안절부절 못 하는 모습으로 동생이 오기를 기다리고 있었다.

동생은 정장 차림에 자전거를 타고 왔다. 30년 만에 고향집 마당을 밟고는 "오랜만입니다"라고 말했다. 기세 좋던 목소리는 마중 나온 형과 마주하자 불현듯 수그러들었다. 동생은 "용서해주십시오, 형님. 제가 잘못했습니다"라며 고개를 숙였고, 형은 "이제 됐다. 어서 들어오너라"라며 동생의 손을 잡았다. 두 사람은 손을 맞잡고 눈물을 흘렸다.

그로부터 형이 세상을 떠나기까지 10여 년 동안, 동생은 때때로 형을 찾아와 세상 이야기를 하고 돌아갔다. 해외여행을 가서

찍어 온 사진을 보여주며 자신이 보고들은 것을 전해주는 것뿐이었지만, 형은 조금도 귀찮아하지 않고 귀 기울여주었다. 그는 그런 식으로라도 동생의 응석을 받아주는 것이 좋았는지 동생의 우아한 생활상을 다른 사람들에게도 자랑스레 이야기하곤 했다.

형이 한때 동생에게 느낀 배신감이 강했던 것은 애정 또한 그만큼 강했기 때문이다. 누군가를 일부러 미워하고 싶어 하는 사람은 없다. 상대가 누구보다 소중한 존재였다면 더더욱.

먼저 존중하고 먼저 이해하기

유치한 자기애를 만족시키는 것은 칭찬과 주목이다. 유치한 자기애를 가진 사람은 상대를 무릎 꿇리고 얕잡아봄으로써 치유를 얻으려고 한다. 저항하는 상대를 완력으로 누르려 하고, 그래도 말을 듣지 않으면 끝까지 물고 늘어져 결국엔 굴복시키려 한다.

형제자매 간의 분쟁은 자기애와 자기애의 충돌 때문에 일어나는 경우가 많다. 자신은 상대를 위해 최선을 다했는데도 배신당하고 상처 입었다는 피해의식 때문이다. 자기만 옳고 상대는 틀렸으며, 자기만 부당하게 상처 입었다고 여기는 것이다. 유치한 자기애를 가진 사람은 아무리 상대에게 짓눌려도 결코 자신이 졌다거나 잘못했다고 인정하지 않는다. 자기 고집을 꺾고 싶지 않아서다. 아무리 큰 손실을 입어도, 심지어 목숨을 잃게 되어도 끝까지 고집을 부린다. 그런 경향은 강하게 부정당할수록 더욱 강해진다. 그들은 자신이 조금이라도 부정당하는 것 같으면 격렬한 분노에 사로잡혀 이성을 잃고 반격에 나선다.

그렇기에 유치한 자기애를 지닌 형제자매를 상대하기란 여간 까다로운 일이 아니다. 이 같은 유치한 자기애를 정면으로 논박하거나 비난하면 오히려 역효과가 난다. 그들은 상대에게 승리감을 안겨주고 싶지 않다는 일념으로 끝까지 복종을 거부한다. 자신에게 솔직해지려 하지 않고 완고하게 마음을 닫아버리는 편을 택하려는 심리다.

이때 필요한 것은 경의와 양보다. 상대가 자신을 받아들여주길 바란다면 먼저 경의를 가지고 상대의 마음을 이해하기 위해 노력해야 한다.

반목한 형제작가의 화해

앞서 말했듯 사람은 마음이 약해지면 의지할 대상을 찾으려고 한다. 그런 상황을 잘 활용하면 멀어졌던 관계가 회복될 가능성이 높다. 중병에 걸려 살 날이 얼마 남지 않은 상황이 특히 그러하다.

『마의 산』『베니스에서의 죽음』 등의 걸작으로 알려진 독일 작가 토마스 만의 형 하인리히 만은 우리에게 잘 알려져 있지 않지만 동생보다 먼저 성공한 작가였다. 두 사람은 독일을 대표하는 작가가 된 뒤에도 사이가 나쁜 것으로 유명했다.

사실 두 사람의 성격은 어렸을 때부터 대조적이었다. 형 하인리히는 낙천적이고 사교적이며 대범한 성격인데 비해, 동생 토마스는 소극적이며 고독을 좋아하는 음침하고 신경질적인 성격이었다. 그래서 동생이 형을 멋대로 자극하여 싸움이 벌어지는 일이 어린 시절부터 반복되곤 했다. 물론 형제 사이에 흔히 볼 수 있는 정도의 대단치 않은 싸움이었다. 그러나 성인이 되고 나자 그들의 불화는 걷잡을 수 없는 지경으로 치달았다. 직접적인 계기는 금전 문제였다.

그들 가문은 아버지 대까지 '만상회'라는 큰 회사를 경영했고, 아버지 대에 이르자 상당한 재산이 축적되었다. 아버지가 갑자기 세상을 떠나면서 만상회가 폐업에 이르게 되었음에도 상당한 양의 재산이 남아 있을 정도였다. 아직 스물도 되지 않았던 두 형제는 이자만으로도 먹고살 수 있을 만큼 넉넉한 유산을 상속받았다.

물론 둘 모두 일을 했다. 형은 서점에서, 동생은 보험회사에서.

하지만 생계를 위해 일할 필요는 없었기 때문에 둘 다 곧 일을 그만두고 소설을 쓰면서 여행하는 생활을 시작했다. 문제는 형의 금전관리 능력이었다. 동생은 신경질적이고 신중하여 금전관리도 철저했지만, 형은 장남답게 낙천적이고 기분 내키는 대로 행동하는 면이 있어 돈도 헤프게 썼다. 결국 형은 상속받은 유산도 많고 작가로서 일찍이 성공하여 수입도 많았음에도 불구하고 동생에게 상당한 액수의 빚을 지고 말았다.

이후 형에게 부수입이 있다는 것을 알게 된 동생은 빚을 갚으라고 요구했지만, 형은 이런저런 핑계를 늘어놓으며 일부밖에 갚지 않았다. 동생은 이 같은 형의 태도에 속을 끓이다 결국 불만을 참지 못하고 화를 터뜨리고 말았다.

형에 대한 분노를 표출하는 그만의 방법은 작가로서의 자세를 공격하는 것이었다. 전통을 중요시하는 진지하고 사색적인 작가였던 그는 형의 자유주의적이고 소시민적인 작품을 '경박하고 피상적'이라고 강하게 비난했다. 그는 형이 여동생을 자기 소설에 등장하는 인물의 모델로 사용했다는 사실을 꼬집으며 비난에 쐐기를 박았다. 실제로 하인리히는 자신의 소설에서 자신의 여동생을 열정은 있지만 재능은 없는 여배우로 그려냈다. 가족을 소중히 생각했던 토마스는 그것을 용서할 수 없었다.

하지만 형에게도 나름의 사정은 있었다. 작가로서 먼저 성공한 것은 자신인데 더 높은 평가를 받는 것은 동생이라는 사실이 괴로웠던 것이다. 게다가 그의 시각으로 보면 동생의 사고방식은 너무도 극단적이고 우려스러웠다.

두 사람의 대립을 더욱 첨예하게 만든 것은 전쟁을 둘러싼 의견 차이였다. 1차 세계대전이 발발하기 직전이었던 당시 독일인들 사이에서는 전쟁을 해야 한다는 주장과 전쟁을 해서는 안 된다는 주장이 팽팽히 맞서고 있었다. 그리고 시간이 흐름에 따라 전쟁을 해야 한다는 개전론이 점점 힘을 얻고 있었다.

개전론에 가담했던 쪽은 동생이었다. 형은 이에 대항하여 프랑스 작가 에밀 졸라를 다룬 평론 『졸라론』을 저술했다. 그리고 개전론자들이 국민을 파국으로 치닫도록 선동하는 데 대해 경종을 울렸다.

그러나 동생에게 그것은 자신의 지론에 대한 반박이고 공격이었다. 그에게 형이 신봉하는 민주주의나 인간애라는 사상은 현실과 너무나 동떨어진 낙관주의로밖에 생각되지 않았다. 하물며 가족조차 소중히 여기지 않는 형의 말은 미사여구로 치장한 거짓말에 지나지 않았다.

동생도 평론과 수필을 써내며 형을 반박했다. 그러면서 형제 사이의 논쟁은 점점 심화되었다. 물론 논쟁이라고는 해도 직접 얼굴을 대고 말다툼을 벌이는 것은 아니었다. 그들은 작품과 평론을 통해 서로의 생각을 간접적으로 비판했다.

그중에서도 동생 토마스는 형보다 신랄하고 날카로우며 집요한 데다 과격하기까지 했다. 형이 화해하자는 편지를 보내도 토마스는 적의를 드러내며 형에게 공격적인 말만 퍼부었다. 이 점에서도 둘의 성격 차이를 확실히 알 수 있다. 형은 원래 악의나 적의를 품지 않는 성격으로, 인간은 서로를 이해할 수 있다는 낙관적인 생각을 가지고 있었다. 이에 반해 동생은 인간에 대해 불신과 적의를 가지고 있었으며, 자신이 받은 상처에 유달리 집착하는 빽빽한 성격이었다. 그들은 몇 년 동안 서로 말도 하지 않고 지냈다.

결국 전쟁은 일어나고 말았다. 그리고 4년간의 전쟁 끝에 1차 세계대전은 독일의 무참한 패배로 끝났다. 이로써 형의 주장이 옳았음이 분명해졌다. 그래도 형제의 대립은 끝나지 않았다. 어머니도 둘 사이를 화해시키려고 했지만 손쓸 방법이 없었다. 동생은 지인의 장례식에서 3년 만에 형을 마주했을 때도 형의 조사(弔辭)에 불평을 늘어놓고는 서둘러 자리를 떠났다.

그러나 이미 돌이킬 수 없을 것 같았던 둘의 관계도 화해의 전기를 맞았다. 그 계기는 형이 걸린 맹장염이 복막염으로 진행되면서였다. 하나뿐인 형을 잃을지도 모른다는 생각은 완고하게 형을 거부하던 동생의 마음을 움직였다.

토마스는 형에게 꽃다발과 편지를 보냈다. 당시 면회가 금지되어 있던 형은 동생의 선물을 진심으로 고마워했다. 다행히 형의 병세는 차츰 누그러졌고, 그 후로 두 사람은 편지를 주고받았다.

그렇다고 싸늘하게 식은 관계가 금세 원래대로 회복된 것은 아니었다. 형에게 꽃다발과 편지를 보낸 직후에도 토마스는 지인에게 이렇게 말했다. "그저 인간으로서 부끄럽지 않을 정도로만 챙겨주는 것뿐이다. 우리 사이에 진정한 의미의 우애는 있을 수 없다. 그런다고 그동안 쌓아온 알력의 기념비가 사라지는 것은 아니다."

그러나 형이 자신을 공격하는 것이라고 생각했던 동생의 생각은 대부분의 경우 선입견이라는 것이 판명되었다. 예컨대 토마스는 하인리히의 발언을 자신의 저작에 대한 공격으로 여겼지만, 사실 하인리히는 그 책을 읽은 적도 없었다.

당시 독일 사회에는 파시즘이 만연하고 있었고, 이 같은 시대 상황 속에서 형과 동생은 공동전선을 펼치며 서로를 옹호했다. 두 사람의 의견 차이가 사소하게 여겨질 만큼 거대한 공통의 적이 유럽을 장악하고 있었기 때문이다. 토마스는 형의 예언이 완전히 옳았다는 사실 또한 깨달았다.

동생은 이러한 시대의 흐름을 막기 위해 형보다도 뛰어난 열정과 집념으로 강연과 평론 활동을 펼쳤다. 그럼에도 나치의 대두를 막을 수는 없었다. 나치가 정권을 잡자 형은 일찌감치 독일을 떠났다. 그러나 토마스는 낙관적이었고, 자신이 얼마나 위험한 상황에 처해 있는지 자각하지 못했다. 결국 그는 네덜란드에 강연을 하러 갔다가 모국에 돌아오는 것을 단념할 수밖에 없었다.

이후 두 사람은 스위스를 거쳐 미국으로 망명하여 할리우드에서 살았다. 그리고 지척에 살며 서로를 의지했다. 노벨상 수상자로서 해외에서도 인기가 높았던 동생에 비하면 형은 일부의 사람에게만 알려져 있어 경제적으로도 어려움이 컸다. 동생은 그런 형에게 슬며시 생활비를 보태주었다.

만년의 하인리히는 경제적으로 넉넉하지 않았고, 아내도 수차례의 자살미수 끝에 세상을 떠났다. 그는 동생에게 완전히 의지했고, 자주 동생을 찾아와 몇 주 동안 머무르기도 했다.

결국 형 하인리히는 독일 땅을 두 번 다시 밟지 못한 채 할리우드에서 숨을 거두고, 동생은 모국에 돌아갈 수 있었지만 3년 뒤 스위스 취리히에서 생을 마감했다.

힐러리와 재키

영화 〈힐러리와 재키〉는 강렬한 여운을 남기는 영국 영화다운 깊이를 지닌 작품이다. 다발성경화증에 걸린 불세출의 첼리스트 재클린 뒤 프레의 생애를 그린 이 전설적인 영화는 경쟁 관계에 있는 자매의 실화를 다룬 드라마이기도 하다.

언니 힐러리도 동생 재클린처럼 음악에 재능이 있어 플루트 연주자를 꿈꿨지만, 그녀의 재능은 동생에 비하면 평범한 수준에 불과했다. 결국 그녀는 프로 연주자가 되기를 포기하고 결혼한 뒤 평범한 가정을 꾸렸다. 동생의 신기에 가까운 재능은 언니의 마음속에 질투를 일으키기에 충분했다. 그러나 홀로 고독한 음악의 길을 걸어야 했던 동생은 오히려 언니의 평범한 행복을 부러워했다.

둘 사이의 질투가 사그라진 것은 자클린의 질병이 음악적 재능을 넘어 그녀의 생명을 갉아먹기 시작하면서였다. 그때를 계기로 언니도 동생에 대한 사랑을 회복했고, 그 덕에 동생은 평온한 임종을 맞이할 수 있었다.

직접 만나서 이야기하자

형제자매의 관계가 소원해지면 서로 얼굴 마주치기가 꺼려진다. 그러면 머릿속에 나쁜 추측이 만연하기 쉽다. 실제로 만나서 오해를 풀 기회가 없기에 의심이 더 큰 의심을 낳는다. 그러다 보면 상대가 자신을 미워하고 가까이하려고 하지 않는다는 생각에 사로잡히기도 한다. 실제로 얼굴을 마주하지 않으면 애착이 희미해질 뿐 아니라 자기애마저 상처 입게 되어 갈수록 분노가 커진다.

그러나 이 같은 부정적 선입견은 대부분 멋대로 추측한 것에 지나지 않는다. 어떤 계기로 직접 만나서 이야기하게 되면 자신의 생각이 지나쳤다는 것을 깨달을 수 있다. 이때 상대의 약한 모습을 눈으로 보거나 도움을 필요로 하는 상황을 접하면 다시 애착이 강해지기도 한다.

2장에서 소개한 세이키 씨의 이야기를 기억하는가? 그는 아버지와 경영 방침이 너무 다른 나머지 회사에서 쫓겨났고, 아버지는 동생에게 회사를 물려주었다. 그 후로 그는 비참한 나날을 보냈다. 아버지의 회사를 떠나 어떻게든 자기 힘으로 재기하려고 했지만 사장의 아들이라는 자존심은 좀처럼 떨쳐낼 수 없었다. 타인에게 질책당하며 머리를 조아려야 하는 상황을 견딜 수 없었던 그는 술과 약에 빠져들었다.

그런 나날 속에서 그는 차츰 자신이 처한 상황을 직시했다. 그리고 상담을 통해 자신감 없고 자존심만 센 자기 안의 불균형을 자각했다. 그는 자존심을 버리기로 마음먹고 양복을 벗어던졌다. 그리고 육체노동에 힘을 쏟았다. 어린 학생들과 함께 학교에도 다녀봤다. 그러면서 조금씩 자신감을 회복한 그는 과거를 잊고 새로운 삶을 살아가고자 결심했다. 그리고 새롭게 일자리도 구했다. 보잘것없는 행복이었지만 그에게는 그것이 진정한 행복이었다.

그러던 어느 날, 출근길에 나선 그의 다리가 갑자기 움직이지 않았다. 예전 같았으면 그대로 우울증에 빠져들고 말았겠지만, 그

때의 세이키 씨는 이전과 달랐다. 그동안 그가 스스로를 무기력한 채로 내버려두었던 것은 가슴속에 응어리진 문제와 마주하기를 피해왔기 때문이라는 사실이 문득 떠올랐다. 그는 그길로 아버지의 회사를 찾아갔다. 10년 만의 일이었다. 그때 동생은 이미 회사의 사장이 되어 있었다.

그러나 막상 회사에 도착하자 두려움이 앞섰다. 그는 미리 약속도 잡지 않고 불쑥 찾아온 자신을 동생이 만나줄지 어떨지 알 수 없었다. 어쩌면 동생은 느닷없이 나타난 그에게서 불길한 기운을 느꼈는지도 모른다.

그는 응접실에서 동생을 기다렸지만 동생은 좀처럼 나타나지 않았다. 직원 한 명이 동태를 살피려는 듯 응접실을 기웃거릴 뿐이었다. 한참 뒤에 동생이 모습을 드러냈지만, 다른 직원들에게 에워싸인 채였다.

그는 "둘이서만 얘기하고 싶다"고 그들에게 말했지만 그들은 요지부동이었다. 동생과 10년 만에 만나는 것인데, 그저 얘기만 하러 왔을 뿐인데 이런 취급을 받아야 하는 것이 분했다. 그는 "대체 내가 무슨 짓을 할 것 같아서 그래? 복수라도 하러 온 것 같아?"라고 말하며 자기도 모르게 눈물을 흘렸다. 그러자 동생도 마음이 움직였는지 "둘이서 얘기하겠다"며 직원들을 내보냈다.

그는 동생과 마주 앉아 갑자기 찾아온 것을 사과하며 "꼭 이렇게 만나서 얘기하고 싶었다"고 말했다. 그리고 10여 년간 자신을 사로잡아왔던 생각들을 털어놓았다. "나를 내쫓고 아버지의 회사를 차지하면서 너는 아무 감정도 들지 않았어? 내가 그토록 미웠던 거냐?"라고.

동생은 형의 말에 귀를 기울이면서 그가 오해하는 부분에 대해 반론했다. 때로는 말다툼이 일어나기도 했지만 아무도 자리를 박차고 일어나지는 않았다. 대신 서로에게 자신의 진솔한 마음을 가감 없이 털어놓았다.

"나간 건 형님이죠. 나도 아버지도 말렸어요. 하지만 이런 곳에는 더 이상 있을 수가 없다고 했잖습니까."

"그런 식으로 대우하는 건 나가라는 말이나 같지. 형인 나는 평사원으로 강등되는데 동생인 너는 임원으로 출세하다니. 결국 아버지는 실력 있는 너를 사랑하고 나는 눈엣가시였던 게지."

"그게 아니에요. 아버지도 그 일로 내내 힘들어하셨어요. 말씀은 안 하셨지만 형님에게 미안해했어요."

"말로만 동정이냐? 필요 없어. 그 10년 동안 내가 어떻게 살았는지 알아? 어떤 비참함을 맛봤는지? 너는 한 번이라도 나를 걱정해본 적이 있어?"

"내가 그랬다면 형님은 기뻤겠어요? 오히려 자존심 상해하지 않았을까요?"

끝없이 이어지는 대화 속에서 그는 한 가지 사실을 깨달았다. 상황이 이렇게 된 것은 그 누구도 아닌 자기 자신의 탓이었다.

그러고 보니 동생도 백발이 완연히 늘어 있었다. 동생도 회사를 일으켜 세우느라 나름대로 고생이 많았을 것이었다. 형의 비위를 맞춰주지 않았던 것도 자존심을 무너뜨리지 않기 위해서였을지도 몰랐다.

마지막으로 그는 이렇게 말했다. "좀 더 일찍 너랑 이렇게 얘기했더라면 좋았을걸." 동생도 "형님과 얘기할 수 있어서 좋았어요"라고 화답했다. 그리고 "만일 회사로 돌아올 마음이 있다면 어떻게든 해볼게요"라고 덧붙였다. 그는 고개를 저으며 "말은 고맙지만 역시 여기는 내가 있을 곳이 아닌 것 같아. 조금 보잘것없더라도 내 나름의 방법으로 살아가고 싶어"라고 답했다.

동생과의 만남을 계기로 그의 우울증은 말끔히 사라졌다. 그에게 필요한 것은 동생과 얼굴을 마주하고 이야기를 나누면서 서로의 잘잘못을 가려내는 것이었다. 그럼으로써 가슴속의 응어리를 풀어내고 진정으로 새로운 인생을 시작하는 것이었다.

다행히 동생은 그의 상처를 이해해주었다. 두려움을 이겨내고 솔직한 마음을 털어놓는 형의 모습에 마음이 움직여 예전의 애착이 되살아났기 때문이었다. 고집과 자존심을 내려놓고 솔직해지자 그들은 관계를 회복할 수 있었다.

형제자매의 죽음에 대처하는 우리의 자세

우리가 형제자매에게 품는 마음은 결코 단순하지 않다. 거기에는 다양한 감정이 복잡하게 뒤섞여 있다. 그래서 형제자매의 죽음은 우리에게 큰 상실감을 주는 동시에 속박으로부터 벗어났다는 해방감을 주기도 한다.

강력한 경쟁상대가 세상을 떠났다는 것은 더 이상 우열을 가릴 필요가 없어졌다는 얘기다. 결국 살아남은 우리는 승자가 된 데 대한 죄의식을 가지게 된다. 한 발 더 나아가 잃어버린 경쟁상대를 자기 손으로 되살리려고 무의식적인 노력을 시작하기도 한다. 그 과정에서 그동안 형제에게 느꼈던 부정적 감정이 긍정적으로 바뀌어 인생을 한 차원 높은 곳으로 이끌기도 한다.

나의 어머니에게는 두 오빠가 있었다. 첫째 오빠는 학업이 우수하고 사려 깊고 조용하면서도 사람을 설득하는 힘이 있었다. 리더로서의 품격이 갖춰져 있었다. 한편 둘째 오빠는 어린 시절부터 차분하지 않고 충동적이며, 툭하면 싸움을 일으켜 문제가 되곤 했다. 또 집에서도 학교에서도 늘 문제만 일으켜 꾸중을 들었다. 게다가 어머니를 자꾸만 괴롭혔다. 한번은 이런 일도 있었다. 어머니는 쌍꺼풀이 한쪽 눈에만 있었는데, 둘째 오빠가 갑자기 '양쪽을 똑같이 만들어주겠다'고 말하고는 한쪽 눈을 공기총으로 쏴버렸다. 다행히 어머니는 시력을 잃지는 않았지만 눈알이 튀어나올 것 같은 고통을 맛봐야 했다.

그런 둘째 오빠는 늘 첫째 오빠와 비교 당하곤 했다. 칭찬받는 것은 늘 첫째 오빠였고, 꾸중 듣고 매 맞는 것은 늘 둘째 오빠였다. 그것이 집안에서 두 사람 각자가 맡은 역할이었다. 부모와 교사들은 두 사람이 같은 형제이면서 어떻게 이렇게 다른지 머리를 싸매고 고민했다고 한다.

두 사람은 성장한 뒤에도 사뭇 다른 길을 걸었다. 첫째 오빠는 모든 이들에게서 존경을 받고 호감을 받으며 스스로 시작한 사업을 착실하게 꾸려나갔다. 한편 둘째 오빠는 공장에 취직했지만 자주 일을 빼먹고 낚시나 야구에 열중했다. 성격도 그대로였다. 둘째 오빠가 나타나면 모두들 긴장부터 했다. 또 무슨 이상한 소

형제자매의 죽음은 우리에게 큰 상실감을 안겨주는 동시에
속박으로부터 벗어났다는 해방감을 안겨주기도 한다.
때로는 그동안 형제에게 느꼈던 부정적 감정이 긍정적으로 바뀌어
인생을 한 차원 높은 곳으로 이끌기도 한다.

리를 할지, 무슨 욕을 내뱉을지 몰라서였다.

그러던 어느 날, 생각지도 못한 불행이 가족을 덮쳐왔다. 첫째 오빠가 사고로 세상을 떠났다. 둘째 오빠는 의사에게 "제발 살려주세요. 도와주세요"라고 애원했지만 의사는 조용히 고개만 가로저었다. 피투성이가 된 형의 유해 앞에서 굵은 눈물을 흘리며 누구보다도 격렬히 통곡했던 것은 둘째 오빠였다. 그는 "형이 아니라 내가 죽어야 했다"고 한탄했다.

그때부터 둘째 오빠는 완전히 다른 사람이 되었다. 열심히 일에 매달리더니 이윽고 사업을 시작했다. 부모나 형제들을 정성껏 보살피기도 했다. 툭하면 독설을 쏟아내는 말버릇은 여전했지만, 가족들이 어려움을 겪고 있으면 한달음에 달려와 잠자코 도와주곤 했다.

그로부터 몇 년 뒤, 둘째 오빠는 첫째 오빠의 죽음에 대해 느낀 바를 가족들에게 이야기했다. 측두부를 다쳐 의식이 없는 형의 눈에서 끊임없이 눈물이 흘렀다고. 그 모습이 마치 죽음을 원통해하며 남겨진 일들을 자신에게 부탁하는 것 같았다고.

형의 죽음으로 인해 마음에 생긴 큰 구멍을 메우려는 노력은 이처럼 진취적인 변화로 이어져 그의 인생에 커다란 전기가 되어주었다.

도스토옙스키와 형 미하일

『죄와 벌』『카라마조프가의 형제들』 등의 걸작으로 유명한 러시아의 대문호 표도르 도스토옙스키에게는 미하일이라는 형이 있었다. 그의 인생에서 형 미하일은 매우 중요한 의미를 가지는 인물이었다.

표도르의 아버지는 모스크바 대학 의학부 출신의 군의관이었고, 도스토옙스키 형제는 병원 관사에서 자랐다. 매우 엄격한 성품을 지닌 아버지는 아이들에게 답답한 규율을 강요하며 그들을 까다롭게 감시했다. 돈에도 인색하여 그들을 기숙학교에 넣은 뒤에도 거의 용돈을 주지 않았다.

두 사람은 성장한 뒤에도 제대로 된 금전감각을 갖지 못했다. 이는 용돈을 받지 못해 금전관리 능력을 익힐 기회를 갖지 못했기 때문이었을 것이다.

어머니가 세상을 떠난 것은 두 사람이 아직 기숙학교에 있을 때였다. 아버지를 말릴 사람이 없어지면서 아버지의 술버릇은 더욱 심해졌고, 그는 더욱 의심 많고 편집증적인 인물이 되어갔다. 의심이 어찌나 심했는지 딸들이 아직 어렸음에도 불구하고 침실에 남자가 숨어 있을까봐 침대 밑까지 샅샅이 뒤지곤 했다. 결국 아버지는 농부들의 원성을 사고 살해까지 당하는 끔찍한 최후를 맞았다.

그런 불안정한 환경에서 아이들이 제대로 성장할 리 없었다. 그러나 형 미하일은 듬직하고 안정적인 성격으로 자라났다. 장남으로서 사랑받은 경험이 있어서인지 명랑하고 사교적이기도 했다.

한편 차남 표도르는 애정 결핍의 영향이 심각해서인지 음침하고 극단적인 면이 있었고, 사교에도 서툴렀으며 정서적으로도 불안정했다. 눈앞의 이익에 판단력을 잃기 십상이었고, 손해라는 것을 알면서도 태연한 자세를 보이는 성격이었다. 훗날 그는 이런 성격 때문에 도박으로 재산을 탕진하고 말았다.

그들은 어릴 적부터 고난을 함께 이겨내 왔지만, 표도르는 자기 일만으로도 충분히 힘겨웠기에 동생들을 보살필 여력이 없었다. 그와 유일하게 마음이 맞았던 것은 기숙사에서 함께 생활하며 문학에 대한 열정을 공유해온 형 미하일이었다.

그들의 인생을 엉망으로 만들어놓은 원흉은 아버지가 돌연 세상을 떠나면서 그들에게 남긴 유산이었다. 이제껏 제대로 된 용돈도 받은 적이 없었는데 갑자기 큰돈이 수중에 들어오자 그들은 마치 복권에 당첨된 것 같은 기분을 느꼈다. 더 큰 문제는 표도르였다. 돈을 어떻게 써야 할지도 모르는 데다 냉철한 판단력도 가지지 못했던 표도르는 낭비와 도박에 맛을 들였다.

그는 학교를 졸업하고 육군성 공병단에서 일했지만, 고루한 공무원 업무에 적응하지 못하고 일찌감치 일을 그만두었다. 그러고는 남은 유산을 소비하면서 소설 집필에 매달렸다. 집필 중인 소설 『가난한 사람들』이 실패로 끝나면 네바 강에 몸을 던지고 죽을 각오였다. 다행히 『가난한 사람들』은 높은 평가를 받았고 그는 문단의 총아로 떠올랐다. 그러나 이 같은 행운은 무서운 재앙의 시작이었다.

우쭐해진 표도르는 오만한 말을 서슴없이 내뱉으며 자신의 작품을 칭찬해준 비평가들마저 화나게 만들었다. 결국 두 번째 작품은 비평가들에게 혹평을 받았고, 표도르는 글에 대한 의욕과 자신감을 완전히 잃어버렸다.

방황하기 시작한 표도르는 정치적인 모임에 얼굴을 내밀기 시작했다. 그리고 반정부주의자와 접촉하기 시작했다. 그러다 모임에 가담한 사람들과 함께 일망타진되어 국가반역죄로 재판을 받고 사형 판결을 받았다. 그는 사형 집행 직전에 시베리아 유형으로 감형 받았지만, 그럼에도 정신적인 충격은 헤아릴 수 없을 만큼 컸다.

크리스마스 전야에 그는 무거운 족쇄를 찬 채 지붕도 없는 썰매에 태워져 상트페테르부르크를 출발했다. 시베리아의 유형지까지는 지독히도 머나먼 여정이었지만, 그 이후의 여정은 훨씬 멀고 혹독했다. 옴스크 감옥에서 4년을 보내고 출소한 뒤, 키르기

스의 황야 마을 세미팔라틴스크에서 병역에 복무하고 상트페테르부르크로 돌아올 때까지 무려 10여 년의 세월이 흘렀다.

돌아온 표도르를 역까지 마중 나온 것은 형 미하일이었다. 동생의 귀환과 집필 재개는 형에게도 큰 전기가 되었다. 그는 동생이 시베리아에 유배되어 있는 동안에 담배 공장의 경영자가 되어 있었지만, 동생이 돌아오자 문학에 대한 열기가 다시금 살아나 담배 공장을 매각하고 잡지 출판업에 뛰어들었다.

형이 편집을 맡은 잡지사에서 동생은 원고를 쓰고 잡지를 발행하는 일을 맡았다. 그리고 옴스크 감옥에서 겪은 일들을 엮은 『죽음의 집의 기록』과 『학대받고 모욕받은 사람들』 등의 주옥같은 작품을 펴냈다.

잡지는 그런대로 인기를 얻어 나름의 판매고를 기록했고, 잡지사의 경영도 궤도에 올랐다. 그러나 이 또한 새로운 재앙의 서막이었다. 거액의 원고료로 주머니가 두툼해지자 표도르는 극한의 시베리아에서 보낸 유형생활의 때를 벗으려는 듯 해외로 나돌았다. 그리고 베를린, 드레스덴, 파리, 런던, 제네바, 토리노, 피렌체 등 유럽 곳곳을 두루 여행하며 향락을 즐겼다.

그러던 어느 날, 생각지도 못한 사건이 벌어졌다. 폴란드에서 일어난 혁명을 옹호하는 기사를 게재했다는 트집이 잡혀 잡지의 발행금지처분이 내려졌다. 형은 잡지의 재발행을 목표로 동분서

주했다. 그런데도 동생은 그런 건 나 몰라라 내팽개치고 대학생 연인을 따라 다시 프랑스로 건너갔다. 그는 비스바덴의 도박장에서 운 좋게 큰돈을 따는 등 연인과의 방탕한 여행을 즐기는 데 여념이 없었다. 심지어 형을 돕기는커녕 돈을 보내라고 재촉하기까지 했다.

형 미하일의 노력으로 잡지는 어렵사리 재발행되었지만, 형 자신은 그동안 무리한 탓에 건강이 악화되어 재발행 4개월 만에 세상을 떠나고 말았다.

동생은 잡지 일을 다른 사람에게 넘기고 손을 뗄 수도 있었다. 그러면 형의 빚까지 끌어안지 않아도 되었다. 그런데도 표도르는 잡지 일을 계속했다. 형과 함께 만든 잡지를 폐간하고 싶지 않았겠지만, 그것은 커다란 실수였다.

사업을 계속하기 위해 표도르는 1만 루블을 빚지고 편집부터 원고 의뢰, 교정, 제본까지 모든 일을 혼자서 끌어안았다. 그 덕에 가장 주목받아야 하는 표도르 자신은 원고를 한 장도 쓸 수 없었다. 그러니 잡지가 팔릴 리 없었다. 잡지는 단 1호만을 발간하고 그대로 폐간되었고, 그에게는 1만 5,000루블이라는 커다란 빚만 남았다.

그야말로 빚 지옥이었다. 결국 그는 눈앞의 돈 때문에 악랄한 출판사와 지극히 불리한 계약을 맺었다. 그런데도 수중에 돈만

들어오면 대학생 연인을 만나러 비스바덴으로 날아갔다. 연인에게 서슴없이 주머니를 여는가 하면, 도박장에서는 가지고 있던 돈 전부를 걸었다. 그러고는 별로 친하지도 않은 작가 투르게네프에게 한심하게 울며 돈을 빌려달라고 매달렸다. 한 달 안에 돌려주겠다고 약속했지만 갚은 것은 10년 뒤였다.

그러나 인간의 운명은 모르는 일이다. 그런 빚의 지옥 속에서 쓰기 시작한 것이 불후의 명작이라 일컬어지는 『죄와 벌』이었다. 탐욕스러운 고리업자 노파를 죽이고 돈을 빼앗는다는 스토리를 그토록 생생히 묘사할 수 있었던 것은 간절히 돈을 원했던 심정 때문이었을 것이다.

아내와 형을 연달아 잃었을 때, 표도르는 이렇게 한탄했었다. "혼자가 되어버렸다. 갑작스러운 일이다. 이루 말할 수 없을 만큼 두렵다. 나의 세계는 두 개로 갈라졌다. 한쪽에는 이제껏 살아온 과거가 있고, 다른 한쪽에는 누구도 두 사람을 대신해줄 수 없는 미지의 세계가 있다. 말 그대로 나는 살아갈 이유를 잃었다. 내가 새로운 삶을 시작할 수 있을까, 하는 생각만으로도 공포가 밀려왔다. 두 사람은 무엇과도 바꿀 수 없는 존재였다. 내가 사랑했던 것은 그 둘뿐이었다. 새로운 사랑은 있을 수도 없고, 있어서도 안 된다. 나는 태어나서 처음으로 그렇게 생각했다."

가장 가까이에서 생사고락을 함께한 두 사람을 잃은 그는 살아갈 의미를 잃고 깊이 절망했다. 그러나 두 사람의 죽음은 고난과 시련의 연속이었던 그의 인생이 성공과 명성, 애정으로 가득 찰 수 있게 된 계기가 되어주기도 했다.

잡지사는 파산하고 남은 것이라곤 거액의 빚과 형의 가족뿐인 상황에서 그가 할 수 있는 일은 작가로서 글을 쓰는 것뿐이었다. 무슨 일이 있어도 걸작을 써내야 했다. 이제 그가 의지할 수 있는 것은 자기 자신뿐이었다. 어쩌면 삶을 포기할 수도 있었겠지만, 그는 시베리아 유형에서도 살아남은 사람이었다. 막다른 길에 몰림으로써 그는 자신의 진정한 능력을 발휘할 수 있었다. 그렇게 시작된 소설 『죄와 벌』은 《러시아통신》에 연재되는 동시에 인기를 모았다. 작품 속의 사건과 똑같은 사건이 실제로 벌어진 덕에 작품은 더욱 주목받을 수 있었다.

그러나 문제는 여기서 끝이 아니었다. 그는 악랄한 출판사와 맺은 불리한 계약 때문에 한 달 뒤에 장편소설 하나를 더 써서 내야 했다. 그러지 않으면 향후 9년간 그가 쓰는 모든 작품의 출판권이 무상으로 출판사에 넘어갈 것이었다. 그렇게 되면 빚을 갚기는커녕 형의 가족들을 부양할 생활비조차 벌 수가 없었다.

모든 것을 포기하려고 했을 때 그를 구원한 것은 속기학교를 막 졸업한 스무 살의 여성 안나였다. 내성적이지만 심지가 강했던 그녀는 표도르와 공동으로 작업하며 『도박자』를 완성했다. 그 과정에서 둘은 사랑에 빠졌고, 이듬해 결혼을 하게 되었다. 그때부터 그는 기세 좋게 수많은 걸작을 써내려가기 시작했다. 『백치』『악령』『미성년』『카라마조프가의 형제』 같은 작품들은 모두 그 때 탄생한 것들이다.

그는 안나와 결혼하고 나서 처음으로 가정이 주는 행복이란 게 무엇인지 알게 되었다. 늦은 결혼이었음에도 불구하고 처음으로 아이도 얻었다(첫 번째 아내에게는 데려온 아이가 있었지만 표도르 자신의 아이는 아니었다). 안나가 집안일뿐 아니라 가계도 철저히 관리해준 덕분에 그는 이윽고 빚을 청산하고 돈을 모을 수 있었다. 그녀는 그의 작품을 독자에게 직접 판매함으로써 수익을 얻는 경영 수완도 발휘할 줄 알았다.

그의 인생은 형의 죽음과 잡지사의 파산을 기점으로 완전히 바뀌었다. 그전까지 그의 삶은 비참함의 연속이었다. 그는 정부의 감시 속에 살아가는 전과자였고, 유형지에서 만난 아내는 병을 앓고 있을 뿐 아니라 따로 애인도 있었다. 반면 형은 성실한 시민이자 사업가로 인정받으며 처자식과 함께 밝은 가정을 꾸려나가고 있었다. 형은 양지에, 동생은 음지에 있었다. 표도르는 형의 운명과 자신의 운명의 차이를 생각하지 않을 수 없었을 것이다. 형에게 애정과 감사의 마음을 가지면서도 한편으로는 삐딱한 반항심을 품고 있었을 것이다. 그러나 형의 죽음과 사업 실패가 모든 것을 뒤바꿔놓았다.

형제의 죽음이 인생을 바꾸는 일은 우리 주변에도 때때로 일어나는데, 도스토옙스키 형제에게도 같은 일이 일어났다. 반항아로 살던 그는 형이 세상을 떠나자 어느새 형이 일궈온 가치와 가족을 지켜내는 사람으로 변신했다. 집안의 문제아 역할을 자처했던 그는 스스로의 의지로 '나쁜 아이'에서 '좋은 아이'로 변화했다.

나가는 말 — 형제자매, 삶의 끝까지 함께하는 가족

가족이 위태로운 시대다. 부모 자식뿐 아니라 형제자매 사이도 점점 멀어지고 있다. 특히 요즘은 있어도 대개 한둘뿐인 형제자매끼리 만날 일도 거의 없어지고 있다. 부모의 장례식 때만 잠깐 얼굴을 비췄다가 얼마 안 가 유산 상속을 둘러싸고 다툼이나 송사를 벌이는 일도 드물지 않다.

그런 격한 갈등과 반목, 미움이 아니라도 형제자매가 왠지 모르게 불편하거나 가까이하고 싶지 않다는 감정이 드는 경우도 많다. 스스로 의식하고 있지 않았기에 잘 몰랐다가도 의외의 계기로 이런 감정이 불거져 사이가 멀어지거나 험악해지기도 한다.

지금까지 봐왔듯 형제자매 간의 문제는 부모 자식 간의 문제와 직결된 경우가 많다. 그로 인한 상처를 잘 정리하고 극복하는 것은 안정되고 행복한 인생을 살아가는 첫걸음이다. 물론 선택은 자유다. 중요한 순간에 판단을 그르치게 하고 사람들과의 관계를 틀어지게 하는 마음속의 응어리를 해소할 것인가, 그러지 않고 상처를 더욱 키우며 살아갈 것인가.

하지만 고령화가 진행되고 있는 현 시대에 가족이나 주변 사람들과의 관계는 다시금 중요하게 부각되고 있다. 노후 자금을 모으는 것도 중요하지만, 고독한 말년을 보내지 않기 위해서는 인간관계를 재점검하는 것 또한 이에 못지않게 중요하다.

젊은 시절에는 마음껏 자신만의 가치를 추구하며 원하는 관계만을 선택하는 삶을 살아갈 수도 있다. 가족과도 뜻이 맞지 않으면 얼마든지 관계를 끊고 살아갈 수도 있다. 그러나 이는 노후를 고독하게 보내다 홀로 외로이 죽음을 맞이하는 선택이 될 수도 있다. 이것이 에누리 없는 현실이다. 그때쯤이면 부모는 이미 세상을 떠나 있을 것이다. 만일 배우자마저 곁을 떠난다면 그 공백을 메울 수 있는 것은 형제자매뿐일 것이다. 이 같은 형제자매의 소중함을 잊지 않길 바라며, 이 책이 마음속에 남아 있을지 모를 과거의 상처를 마주하고 극복하며 가족과의 관계를 더욱 굳게 다지는 데 중요한 계기가 되기를 바란다.

나는 왜 형제가 불편할까?

초판 1쇄 발행 2016년 5월 30일
초판 5쇄 발행 2023년 2월 1일

지은이 오카다 다카시
옮긴이 박재현
펴낸이 신경렬

상무 강용구
기획편집부 최장욱 송규인
마케팅 신동우
디자인 박현경
경영기획 김정숙 김태희
제작 유수경

펴낸곳 (주)더난콘텐츠그룹
출판등록 2011년 6월 2일 제2011-000158호
주소 04043 서울시 마포구 양화로12길 16, 7층(서교동, 더난빌딩)
전화 (02)325-2525 | **팩스** (02)325-9007
이메일 book@thenanbiz.com | **홈페이지** www.thenanbiz.com

ISBN 978-89-8405-851-4 03190